早期教育专业、婴幼儿托育服务与管理专业丛书

U0647169

CO-NURSING OF HOME AND NURSERY FOR INFANTS

婴幼儿家园共育

主　编◎周　霞　黄　耀　覃倩琳
副主编◎廖钐杉　邓倩倩　韦　蔚　钟　鸽　刘　英　蒋志华　高正宇
编　委◎叶子心悦　黄　颖　黄嘉璐　赵安东　赖雨阳　谢寒冰　廖春梅

ZHEJIANG UNIVERSITY PRESS
浙江大学出版社
·杭州·

图书在版编目（CIP）数据

婴幼儿家园共育 / 周霞，黄耀，覃倩琳主编. — 杭
州 : 浙江大学出版社，2024.1
ISBN 978-7-308-24488-6

Ⅰ. ①婴… Ⅱ. ①周… ②黄… ③覃… Ⅲ. ①托儿所
－家长工作(教育)－教材 Ⅳ. ①G616

中国国家版本馆CIP数据核字(2023)第233078号

婴幼儿家园共育

YING-YOU'ER JIAYUAN GONGYU

周霞 黄耀 覃倩琳 主编

策划编辑	李 晨
责任编辑	李 晨
文字编辑	胡佩瑶
责任校对	高士吟
装帧设计	春天书装
出版发行	浙江大学出版社
	（杭州市天目山路148号　邮政编码　310007）
	（网址：http://www.zjupress.com）
排　　版	杭州林智广告有限公司
印　　刷	杭州高腾印务有限公司
开　　本	787mm×1092mm　1/16
印　　张	14
字　　数	300千
版 印 次	2024年1月第1版　2024年1月第1次印刷
书　　号	ISBN 978-7-308-24488-6
定　　价	59.00元

　　党的二十大报告指出，要"健全学校家庭社会育人机制"[①]"加强家庭家教家风建设"[②]，体现了家庭之事不是局限在一家之室的小事、私事，是事关党和国家发展的大事、要事，彰显家园协同育人、家庭教育的重要性。《中华人民共和国家庭教育促进法》中也强调家庭教育以立德树人为根本任务，指出未成年人的父母或者其他监护人应当与中小学校、幼儿园、婴幼儿照护服务机构、社区密切配合，积极参加其提供的公益性家庭教育指导和实践活动，共同促进未成年人健康成长。可见，家园合作共育将有助于提高婴幼儿接受家园教养的质量，让更多的婴幼儿享有和谐发展的权利，这将直接关系到国家的人口质量、国民素质整体提升，社会经济协调发展，乃至整个民族的发展进步。

　　目前，0～3岁婴幼儿的家园共育工作还处于起步阶段，开发专门针对0～3岁婴幼儿家园共育工作的指导教材、培养婴幼儿家园共育人才成为当务之急。为了深入贯彻党的二十大精神、落实立德树人根本任务，本教材紧跟国家当前对婴幼儿教育法律和家庭教育法律的制定与完善的步伐，对标国家职业教育专业教学标准和国家托育师、育婴师的岗位职业能力要求，设置了五大项目：婴幼儿家园共育的准备工作、常规性婴幼儿家园共育工作、主题性婴幼儿家园共育工作、突发性婴幼儿家园共育工作、家园—社区婴幼儿协同共育工作，共计20个任务，产教融合特色显著，主要如下。

　　第一，强化"岗课赛证"融通，注重职业能力引导功能。本教材采用工作手册式的编写样式，弱化理论知识，强化实践操作，将婴幼儿家园共育工作中

[①] 习近平. 高举中国特色社会主义伟大旗帜　为全面建设社会主义现代化国家而团结奋斗——在中国共产党第二十次全国代表大会上的报告 [R]. 北京：人民出版社，2022:34.
[②] 习近平. 高举中国特色社会主义伟大旗帜　为全面建设社会主义现代化国家而团结奋斗——在中国共产党第二十次全国代表大会上的报告 [R]. 北京：人民出版社，2022:44.

的典型工作任务化为 20 个实训任务，结合工作案例重点讲解实际工作中的各种技能，以提高应用能力为基础，与相应的职业资格标准、职业技能等级标准以及职业技能比赛要求接轨，突出职业教育特点，更有利于学生在理论知识的指导下快速提高实践技能。

第二，典型工作案例资源丰富，实践操作性强。本教材为知识点配备了丰富的典型工作案例和拓展材料，极大程度地丰富了课程内容。同时，本教材的体例和内容均按照由理论到实践、由简单到困难的逻辑来编排，可以有效地帮助学习者将专业知识与实际工作联系起来，深化对知识的理解，更快地了解并掌握工作方法，提升实践工作能力。

第三，体现生态化教育理念，凸显家园—社区协同共育。本教材不仅包含突发性家园共育工作的指导内容，还包含家园—社区协同共育工作的指导内容。这两部分内容的设立，既凸显了医养教结合、融合教育的理念，又体现了生态化的教育理念。

本教材的编写团队主要由高职院校、幼儿园、托育园和相关业务部门的专业人员组成。柳州城市职业学院的周霞主要负责教材整体框架的设计、项目五的编写工作，廖钐杉、覃倩琳、钟鸣、邓倩倩主要负责项目二、三、四的编写工作，黄颖、叶子心悦、黄嘉璐、赵安东、赖雨阳、谢寒冰、廖春梅主要参与项目一、二、四的编写以及学习资料的整理工作，广西现代职业技术学院的黄耀主要参与项目四的编写工作，广西柳州市直属机关幼儿园的韦蔚主要参与项目二的编写工作，广西示范性托育园——柳州市爱德哈贝托育园创始人蒋志华主要参与项目五的编写工作，广西柳州市城中区卫健局的高正宇主要参与项目五的编写工作，广西幼儿师范高等专科学校的刘英主要参与项目三的编写工作。

本教材为高校教材，可作为婴幼儿托育服务与管理专业、早期教育专业的核心课程教材，也可作为学前教育专业的拓展课程教材。另外，本教材可作为育婴师、保育员等职业资格考试和"1+X"母婴护理职业技能等级考试、"1+X"幼儿照护职业技能等级考试的教材，也可作为社会护理人员的辅助参考书。

在编写的过程中，本教材参考了大量的文献资料，在此，我们向这些文献的作者表示诚挚的谢意。由于编者水平有限，编写时间仓促，书中错误和不足之处在所难免，恳请广大读者批评指正。

编者
2023 年 3 月

CONTENTS 目录

|项目一|婴幼儿家园共育的准备工作

项目导读

家庭是婴幼儿的主要成长环境，要为婴幼儿创设良好的成长环境，就必须充分发挥婴幼儿家园共育的作用，形成教育合力，共同承担培养婴幼儿的责任。托育教师应做好家园共育的准备，掌握沟通方法，能利用信息化技能与家长进行家园共育，协调教师和家长的思想与行动，集聚各方面的教育力量，按照实现目标的需要来发挥作用，使教育资源功效得到最大化的发挥。

教学目标

◎素质目标

1. 培养婴幼儿家园共育工作的基本素质。

2. 培养团队合作的能力。

3. 领会婴幼儿家园共育工作的信息化技能应用新模式。

◎知识目标

1. 能说出婴幼儿家园共育工作的概念、内容与意义。

2. 能说出家园共育中与家长沟通交流的主要方法。

3. 能说出家园共育中常见信息化沟通的原则与方法。

◎能力目标

1. 能理解家园共育工作的原则、家园共育工作的评价方法。

2. 能与不同类型的家长进行沟通，掌握沟通常用策略。

3. 利用信息化技能与家长进行家园共育。

项目导览

- 婴幼儿家园共育的准备工作
  - 家园共育的准备
    - 家园共育的核心理念
    - 家园共育工作的原则与评价
    - 职业规范与注意事项
  - 家园共育的沟通方法
    - 与家长沟通交流的原则
    - 不同类型家长的特点
    - 与家长沟通的主要方法和策略
    - 职业规范与注意事项
  - 家园共育的信息化技能
    - 家园共育信息化技能的内涵与价值
    - 家园共育中常见信息化沟通的原则与方法
    - 家园共育信息化技能培训活动的组织策略
    - 职业规范与注意事项

ⓒ 任务一　家园共育的准备

▣ 任务背景

你是橙汁宝贝托育机构托小 1 班的主班教师，请你组织本班教师通过文献查找、问卷调查等方式收集婴幼儿家园共育工作所需的信息和材料。

要求：请你根据任务情境，收集婴幼儿家园共育准备工作所需的材料，和团队成员共同制订婴幼儿家园共育的准备工作方案。

◤ 任务目标

1. 了解婴幼儿家园共育工作的概念与特征、家园共育工作的内容。
2. 了解家园共育工作的原则与评价。
3. 能按照设计调查问卷的策略合理分工，制订家园共育活动方案。

✓ 任务实施

━━━━ 步骤一　知识梳理 ━━━━

一、家园共育的核心理念

家园共育作为新时期体现婴幼儿教育的一种教育理念，受到越来越广泛的重视。仅靠托育机构单方面的力量是难以完成家园共育的，需要托育机构、家庭和社会的通力合作。

（一）家园共育的概念与特征

家园共育，即家庭与托育机构相互合作，以促进婴幼儿身心健康发展。不是家庭或托育机构单方面进行教育，应是家庭和托育机构互为主体，相互了解、相互支持、相互配合，共同促进婴幼儿健康发展。

家园共育的主体是"家"和"园"。"家"是指"婴幼儿的家庭"，"园"是指"托育机构"，两者都是整个家园共育过程中不可缺少、互相依赖的主体。一方面，托育机构邀请家长参加线上的托育机构教育活动，让家长全方位地了解婴幼儿在托育机构生活的真实情况；另一方面，家长应向托育机构提出自己的看法，对托育机构提出意见和建议，并对托育机构进行评价，从而促进婴幼儿的全面发展。

家园共育的核心是"育"。家园共育的"育"包含了两层意思：一是保育；二是教育。婴幼儿的生理和心理特点决定了对其不能只进行单纯的教育，而应采取"保教结合"的形式。因此，"育"不仅是家园共育的核心，也是评价家园共育效果的唯一标准。

（二）家园共育的内容与意义

家长是托育机构教师的重要合作伙伴。教师主动与家长沟通，了解婴幼儿出生、成长的情况和个性特征，保障家长的知情权；让家长了解婴幼儿在园的一日生活及具体表现，影响家长的观念与行为；让家长参与托育机构的活动，感受教师工作的辛苦与用心。

1. 家园建立联系，保持沟通，实现同步教育

以婴幼儿发展和教育为中心，与家庭建立密切联系，是做好家园共育工作的基础。教师通过家长会、家园联系栏及家长学校等方式向家长汇报托育机构的工作计划、内容和要求，宣传科学保育和教育的知识、经验，实现同步教育。

2. 家长参与托育机构管理

提高托育机构的办园水平，了解婴幼儿在园的发展情况，家长有知情权；改进和提升托育机构的保教质量，家长有发言权。因此，关注家长参与托育机构管理的情况，注意倾听家长的心声，接纳来自家长的合理化建议，让家长参与托育机构的管理，为托育机构的发展献计献策，同心协力培养婴幼儿，这是家园共育的主要内容。

家长参与托育机构管理一般通过成立家长委员会来实现。家长委员会是家长参与托育机构管理的重要形式。家长委员会每两年推选一次，由各班家长参与民主评议产生。家长委员会的工作任务是：参与托育机构的民主管理，积极为托育机构的发展出谋划策，协助托育机构改善办园条件；以各种可能的形式协调或帮助托育机构开展各项教育活动，为婴幼儿提供认识社会、走进自然的条件；通过各种渠道了解家长对托育机构的意见和建议，宣传托育机构的工作成果，并向托育机构提供教育改革的信息；协助托育机构办好家长学校，带头学好家教知识，提高家长素质；协助托育机构、教师调解家园之间的矛盾，解决家园沟通中的障碍，对托育机构的管理、教学、卫生保健、营养膳食等方面进行及时调整，在家长中发挥组织、宣传、教育的积极作用。

3. 家长参与托育机构活动

组织家长参与托育机构的活动，是家园共育的一个重要内容，也是现代化婴幼儿教育发展的趋势。

（1）家长会

托育机构每学期定期召开全园或班级的家长会，通过家长会让家长了解本学期的工作，向家长详细介绍托育机构各项工作及重大事情的举措，如将课程情况、收费情况、托育机构建设情况等向家长公示，实施园务公开，接受全体家长的监督。

（2）家长开放日活动

面向全体家长开放教学，请家长到园观摩，让家长看到婴幼儿在集体活动中的自然状态，并通过观摩和直接参与活动，全面了解托育机构的教育和具体了解婴幼儿在班级集体中的各种行为表现，客观公正地评价婴幼儿的能力、特长。

（3）家长志愿者活动

家长的潜力是无限的，在某些情况下，家长就是教育的专家。让家长走进教室，参与教学，使家长更加了解教师的工作及自己孩子的发展情况。原则是量力而行、重在参与。有的家长可以参与班级学习内容的选择，如在主题活动开始前，邀请家长参与主题活动的讨论，共同分析婴幼儿的发展情况；有的家长可以参与制订教育计划，分析可利用资源，如护士妈妈进课堂当志愿者，来园进行一些关于手足口病、水痘、结膜炎等病症的发现及预防措施的教育，教会婴幼儿学习七步洗手法，学习《洗手歌》等。

（4）大型集体活动

家长参与托育机构举行的各种大型活动，如运动会、歌咏活动、服饰表演、绘画活动、春游等，既发挥了家长的主体作用，又让家长了解到托育机构的教育情况及婴幼儿的成长情况，同时增进了家园沟通。

（5）日常教学活动

家长参与日常教学活动，使托育机构的课程研究顺利、深入地进行。如在新的主题活动开始时，通过家长对婴幼儿的已有经验进行了解，并让家长填写调查表；在开展以收集废旧材料为主题的活动时，为环境布置提供物质资源；主题活动结束后，对婴幼儿在活动中所学的知识和经验情况进行检查等。在日常教学活动中，家长和教师共同制订教育计划，进行课程设置，参与婴幼儿教学活动、亲子活动，客串教师等，了解婴幼儿的生活、学习、游戏、活动区活动情况，了解婴幼儿在托育机构生活的各个方面，促进托育机构保教工作的开展，搭建家园沟通的桥梁。

4. 指导家长科学育儿

指导家长科学育儿是托育机构义不容辞的责任，也是托育机构家园共育工作的核心内容之一。托育机构采取多种有效方式向家长宣传先进的教育思想和科学的育儿知识，帮助家长提高家教水平，不仅可以改进和优化家庭教育，而且有助于家园在教育问题上达成共识，达到教育上的协调一致。

（1）家长学校

家长学校是普及家教知识的有效渠道，是托育机构开展家长工作的重要平台。家长学校的任务是系统地向家长讲授育儿知识，但并不完全是园长或专家讲、家长听。如有些家长具有先进的教育理念，也可以通过召开家教经验交流会，请他们做介绍，或请他们在家长学校讲课。一般说来，这种"家长教育家长"的方法，由于说服力强、目标性强而更具指导性，往往可取得良好的效果。

（2）家园联系栏

班级设立家园联系栏，介绍有关家教的新观念或好经验、保健小常识、季节流行病的预防等知识，同时发布本班近期的教育目标、课程内容等一些有针对性的家教指导性文章。例如，"热点问题""求助热线"栏目可以让家长了解婴幼儿近期所关注的话题，这样家长就会及时地帮助婴幼儿，支持婴幼儿的学习；在"成长足迹""夸宝宝""好爸爸好妈妈"等栏目中，鼓励和支持家长做栏目的主人，与大家共同分享家庭教育中的好经验、婴幼儿在家中的探究活动等。教师应随时和家长保持联系，了解婴幼儿在家中的表现，并应具备指导家长的意识。

二、家园共育工作的原则与评价

（一）家园共育工作的原则

在家园共育中，家庭和托育机构、家长和教师之间应遵循尊重性、平等性、情感性、一致性原则，共同担负起教育婴幼儿的责任，以促进婴幼儿健康成长。

1. 尊重性原则

教师应以人为本，尊重每一位家长，不因家长的地域、职业、身份、穿着打扮等客观条件去审视、挑剔家长，要始终以热情、接纳的态度对待家长，并且在日常的行为中对家长和婴幼儿一视同仁。家长也要虚心听取教师的建议，尊重教师的工作，配合教师合理的教育行为。

2. 平等性原则

托育机构的教师和家长是平等、合作的关系。教师和家长都为促进婴幼儿身心全面协调发展而努力，并达成共识。教师和家长应经常沟通，交换观点：一方面，教师积极指导家长进行家庭教育，帮助家长形成科学的教育意识，提高教育能力；另一方面，家长要主动配合托育机构，参加各种活动，为班级建设和托育机构的发展提供合理的意见和建议。

3. 情感性原则

教师要注重和家长的情感交流，采用积极、友善、关爱的态度，建立良好的交往关系，以情感人，才能有效地进行沟通交流，共同促进婴幼儿发展。

4. 一致性原则

教师与家长在对婴幼儿的指导上应保持一致，避免相互之间要求的不统一、不协调而造成婴幼儿的发展问题。只有这样，才能步调一致地促进婴幼儿全面发展。

（二）家园共育工作的评价建议

1. 观察法

观察家园共育环境。环境教育在婴幼儿教育中有着举足轻重的作用，环境是无声的教师，良好环境的创设是家园共育工作成效最直接的体现。

（1）家园共育栏

家园共育栏是家园共育环境创设浓缩的"小窗口"，要观察家园共育栏的内容是否丰富，是否有教师和家长的育儿文章、经验交流记录、家长留言板等。

（2）主题墙

要观察主题墙上是否有家长收集的主题资料、亲子共同制作的作品、家长参与活动的照片等。如"各种各样的美食"主题，要有教师和婴幼儿共同制作的美食模型和收集的美食图片、家长和孩子共同制作的食物等。主题墙的创设能看出家长对环境布置的重视程度、参与程度，资料的丰富性和与主题相关的物品数量、质量，在极大程度上可以说明家园配合的程度。

（3）活动区

活动区的类型较多，下面以亲子阅读区为例进行介绍：要观察托育机构是否给家长提供阅读的环境，是否有舒适的沙发、座椅、靠垫，墙上是否有读书格言，是否有书架、各种书籍和安静独立的读书环境。

2. 调查法

调查法就是用调查的方法，设计调查问卷，分别对管理者、教师、家长的家园共育活动开展情况进行调查，调查他们对托育机构家园共育工作的重视程度、认识程度。

（1）调查托育机构管理者、教师

了解托育机构家园共育工作的开展情况，如托育机构是否成立家长委员会、家长学校，定期开展了哪些亲子活动，一学期开几次家长会、家访几次，组织开展了几次家长开放日等。

（2）调查家长

了解家长参与亲子活动、家长开放日、家长会等的情况，和教师沟通的情况，家园联系的情况，教师家访、约访的情况，参加培训学习的情况，了解托育机构家长工作开展的情况，家长对保教服务评价的情况，满足家长需求的情况等。从调查问卷中，发现并总结家园共育工作开展的情况。

3. 访谈法

访谈是一种具有特定目的和一定规则的研究性交谈，形式较为正式。它有明确的目的，在交谈之前，双方对这个目的都很清楚，并对此开诚布公、直言不讳；访谈者可要求对方就所言进行重复详述，以便了解事情的具体细节，并且仅仅是访谈者询问对方，话题主要由访谈者提出；有个别访谈和集体访谈两种类型。针对托育机构家园共育评价，主要采用家长座谈和教师座谈这两种集体访谈形式。

（1）召开家长座谈会

①托育机构开展了哪些行之有效的活动？

②家长委员会发挥了什么作用？

③家长和教师沟通的渠道有哪些？

④托育机构在提高家长科学育儿的水平方面，开展了哪些培训活动？

⑤您对哪个家园共育活动印象深刻？为什么？

（2）召开教师座谈会

①每学期召开几次家长会？进行几次家访？

②家园沟通的形式有哪些？

③组织了哪些亲子活动、家长开放日、经验交流会、育儿讲座？

④在家园共育活动中，您有哪些收获？

4.查看档案资料法

通过查看托育机构家园共育的档案资料，评价家园共育工作情况。

（1）制度建设

机构设置，家园各项制度章程，部门分工、管理机制。

（2）规划目标

家园计划和总结，家长委员会会议记录、实施过程资料。

案例分享

"淘气"的淘淘

淘淘今年三岁，是个女孩。中午吃饭的时候，家里养的小猫突然从门缝里钻了进来，淘淘见了就要把它赶出去。妈妈说："你快吃，不要管它。"淘淘赌气说："你不把它赶出去，我就不吃饭了。"妈妈听了很生气，训了她几句。淘淘不但没听妈妈的，反而哭着跑了出去。奶奶看见淘淘跑了出去，就把小猫赶跑了，并连哄带骗把淘淘拉了回来，还当着淘淘的面说她的妈妈哪里不好，这时候淘淘才不哭了，继续吃饭。妈妈与淘淘的"较量"又以淘淘的获胜而告终。

案例分析：首先，这一阶段的幼儿在面对问题时，只会从自己的观点着眼，不会考虑别人的不同看法，这是自我中心主义。其次，家长对孩子的要求不统一，事件中妈妈和奶奶在淘淘面前的意见不统一，让她觉得有靠山，所以她总是任性。最后，幼儿任性是由长辈的思想观念所导致的。如今的许多家庭中，除了幼儿的父母，还有爷爷奶奶和外公外婆等，他们都围着孩子转，孩子想要什么，他们就给什么。即使幼儿有不对的地方，他们也认为孩子还很小、不懂事而不去纠错，反而去迁就孩子。

三、职业规范与注意事项

1. 家园共育工作的准备环节，要全面考虑、仔细核对，避免工作内容出现错漏。

2. 在组织家园共育的工作中，要始终以热情、接纳的态度对待家长，尊重每一位家长。

3. 在工作中要虚心听取家长的建议，合理吸纳各类有利于提升家园工作成效的意见，及时修订、完善家园共育的工作内容。

一、任务分组

学生任务分配表

班级			组名		
组长		学号		指导教师	
组员					
姓名	学号	姓名	学号	姓名	学号
任务分工：					

二、设计《家园共育工作互评表》

1. 收集信息：了解本班家长关注的热点

收集方式：

调查内容：

收集结果：

2. 罗列需准备的沟通形式、沟通过程等基本内容

3. 观看典型案例（扫二维码观看）

家长工作沟通
交流典型案例

三、模拟组织实施

请学习小组根据二维码中的案例和模板，制作和撰写《家园共育工作互评表》。

四、任务实施总结

1. 通过完成上述任务，你学到了哪些知识或技能？

2. 遇到的问题及解决措施

3. 个人体会

签名：

日期：　　年　月　日

五、拓展实践

以小组为单位，调查本地托育机构的《家园共育工作互评表》，调查内容建议如下：

1. 该园所《家园共育工作互评表》的内容有哪些？

2. 选择一个托班，尝试为其设计一份《家园共育工作互评表》。

======== 步骤三　思考提升 ========

1.《家园共育工作互评表》的内容有哪些？
2.《家园共育工作互评表》的目的是什么？
3.《家园共育工作互评表》的主题如何确定？
4.《家园共育工作互评表》的设计过程中要注意什么？

======== 步骤四　任务评价 ========

评价内容	评价标准	分值	小组自评	他组评分	教师评分
家园共育工作的概念与特征	能说出家园共育工作的概念	5			
	能说出家园共育工作的特征	5			
家园共育工作的内容与意义	能说出家园共育工作的内容	5			
	能说出家园共育工作的意义	5			
家园共育工作的原则	能说出家园共育工作的原则	10			
家园共育工作的评价	评价能体现家园共育的理念	10			
	评价完整、合理	10			
	能仔细核对，避免评价内容出现错漏	10			
《家园共育工作互评表》的设计	家长和婴幼儿关系平等和谐、环境与氛围轻松	10			
	能科学引导家长学会观察婴幼儿表现	10			
	能及时对婴幼儿的反应作出积极的回应与指导	10			
	能倾听家长的疑惑和意见，作出合理解释，达成教育共识	5			
	体现家园共育的理念	5			
总分		100			

ⓒ 任务二　家园共育的沟通方法

■ 任务背景

你是橙汁宝贝托育机构托小1班的主班教师，请你组织本班的配班教师、保育员一起研讨家园共育的沟通方法，共同制定《家园共育沟通手册》。

要求：请你根据任务情境，收集家园共育沟通方法的相关内容，和团队成员共同制定《家园共育沟通手册》。

✔ 任务目标

1. 了解与家长沟通交流的原则、不同家长的类型。
2. 了解与家长沟通交流的方法与策略。
3. 能根据设计调查问卷的策略合理分工，制定《家园共育沟通手册》。

✓ 任务实施

■ 步骤一　知识梳理 ■

一、家长沟通交流的原则

家园有效互动有利于促进婴幼儿、家长和托育机构的共同发展，促进托育机构与家庭之间建立尊重信任、平等合作、相互支持的关系，从而真正做到家园共育。在全面推进素质教育的今天，应积极探索家园合作的实效性，不断地丰富它、完善它、发展它，使它成为托育机构建设的重要篇章。

（一）达成教育共识，奠定合作基础

家长是家园共育的重要成员，家长与教师共同担负着促进婴幼儿身心健康发展的重任。婴幼儿的发展是家园共育的最终目标，也是我们一切活动的基础和出发点。因此，树立家园共育思想、建立平等合作的伙伴关系，将尊重家长、保护家长权利放在首位，帮助家长树立主人翁意识，让家园双方在平等、轻松的氛围中实现沟通与合作。

（二）畅通沟通渠道，实现双向互动

家园共育的关键是沟通，沟通应建立在尊重、平等、合作的基础上。同时，沟通是双向的，教师要主动将婴幼儿发展和托育机构教育的各种信息传递给家长，对家长关注的各类问题、需要给予积极的回应、支持与帮助。

二、不同类型家长的特点

不同类型家长由于学历背景、经济条件、教育理念等方面的差异，对家园共育的态度也会不一样。因此，教师要及时了解家长对家园共育的态度，引导和帮助各位家长共同担负起教育好孩子的责任，结合不同家长的特点采取不同的策略，让更多的家长更有效地参与到家园共育的工作中来。

每位家长都希望能与教师沟通，在沟通中获得孩子在园中的各类信息。家长的性格、对婴幼儿发展的期望程度、与教师的关系等方面，决定了家长与教师不同的合作形式。这里根据家长的实际参与情况，将家长分为以下几类。

（一）视觉型家长

这种类型的家长更多地通过"看"来了解托育机构的教育，如观看婴幼儿每天在托育机构的视频和图片，关注托育机构里的宣传园地，察看家园联系册等，通过这种默默的关注与教师进行合作教育。

（二）听觉型家长

听觉型家长是通过与婴幼儿交流、参加家长会、来园和离园接送时同教师交流孩子在园的情况等获取信息。有时他们获取的信息不够准确，容易造成误会。这类家长大多比较忙，平时孩子大多由老人或保姆接送，但他们并不是不关心孩子在园的情况，而是通过"听"来间接了解，并且给予孩子关心与支持。这是一种隐性的合作教育。

（三）触觉型家长

这种类型的家长是通过参与托育机构的各种活动，直接了解班级的活动内容，了解孩子的发展状况，感受托育机构的教育。有的家长只关注自己的孩子在活动中的表现，有的家长关注班级孩子的整体情况。他们喜欢参与孩子的活动，愿意给孩子一种安全感、满足感或成就感，表现为直接与教师合作。

（四）混合型家长

这种类型的家长通过多种形式与教师进行联系，他们愿意抽出更多的时间与教师进行交流，表达他们对孩子、对班级、对教师的态度，同时积极参与班级组织的各种活动，在活动中还会与其他家长联系。他们对班级的情况掌握较多，如果教师能充分利用这些家长的资源，对班级的整体工作会有一定的促进作用。

对于不同类型的家长，我们往往容易忽视只看不说的家长，而注意那些与我们交流的家长。其实，无论是哪种类型的家长，他们都关注班级工作，关注自己孩子的发展。教师要根据家长的需求及类型采用不同的沟通方式，使每个家庭的教育资源都能被充分地利用起来。

三、与家长沟通的主要方法和策略

（一）与积极参与家园共育工作的家长——握手

积极参与家园共育的家长，大都重视家庭教育和托育机构教育，他们往往在孩子身上投入的精力较多，对孩子的期望也较高。他们关心孩子，愿意主动与教师沟通，了解孩子在园的生活、学习情况，反映孩子在家的情况。他们能大胆地表达自己的意见，和教师共同探讨孩子面临的问题，并能以较高的热情参与托育机构的活动，能够认真填写《家园共育沟通手册》，提出中肯的意见或建议。

这类家长是家园共育中较理想的伙伴，教师要以友好的态度和足够的热情回应家长，及时对他们的意见、要求给予回应。教师有效利用家园宣传园地向他们宣传先进的教育理念，除了和他们就孩子的问题进行交流外，还可以谦虚、真诚地请他们为家园共育的工作出谋划策，使他们以独特的视角、角色成为托育机构可贵的教育资源，促进班级工作及托育机构工作更好地开展。但值得注意的是，教师切记不要以和这类家长的交流代替整个班级的家长工作，从而造成家长与教师交流机会的不均等。

（二）对忽视家园共育工作的家长——拉一把

我们常常听到有些家长抱怨："这孩子和他爸爸一样，干什么都是慢吞吞的。""这孩子就像我，爱学习。"这类家长对孩子的发展往往持遗传论的看法，常常低估孩子的能力，认为一切不可逆转，对孩子的不足抱着消极态度。他们的子女在托育机构也往往存在交往、学习等方面的问题，如有攻击性、对学习有倦怠情绪等。因此，教师要主动伸出合作之手，拉家长一把，使他们加入到家园共育的队伍中来。教师在和他们沟通时，首先要有同理心，站在家长的角度考虑问题，不要只在发生了问题时才和家长沟通，以免引起家长的恐慌和反感，应利用短小的时间，通过只言片语对孩子最近的进步表示欣赏和肯定，让家长得到一些正面的、积极的信息，树立家长的信心。真诚的谈话是使家长愿意携手进行家园共育的动力，教师在和家长谈孩子的问题时，一定要提出可行的意见和建议，便于家长操作和实施。在开展家园共育活动时，教师可对这类家长进行特别的提醒和叮嘱，建议他们参与。教师的主动与真诚，定能将家长拉到我们身边，共同解决孩子的问题，共同教育好孩子。

教师对忽视家园共育工作的家长应主动采取以下方法。

1. 主动与家长勤沟通

通过家访、电话等形式与家长沟通，向他们介绍教育孩子的方法；有针对性地帮助家长分析孩子现有的问题，帮助家长了解并走进孩子的内心；建议家长多抽时间陪同孩子一起阅读、游戏、外出活动，建立和睦温暖、充满教育力量的亲子互动关系。

2. 为婴幼儿建立成长档案

教师可以采用为婴幼儿建立详尽的成长档案的方式，利用档案坚持和家长进行书面交流，内容包括孩子近期在家和在园的发展状况、父母和教师各自的教育心得体会等。家长通过档案，不仅能体会到教育的成功，还能及时发现教育中的不足。

3. 尽己力温暖孩子的心灵

对于那些家长实在没有时间去管的孩子，教师更要多加关注，可以利用来园、离园和自由活动时间亲近他们，使他们感受到教师的关爱，以弥补家庭中爱的不足。尤其是对父母长期在外的留守婴幼儿，教师更应该把自己的爱无私地奉献出来。爱的力量是无穷的，如果教师给予这些孩子更多的爱，他们敏感、脆弱的心灵就一定会感受得到。

（三）在合作教育中发生的冲突——及时解决

∂ 案例分享

爱打人的小博

托大 4 班的男孩小博性格孤僻，不爱与人交往。如果有小朋友无意间碰了他或者与他产生了小摩擦，他就会抬手打过去。为此，班上的小朋友对他都避而远之。有一次，明明和奇奇打闹，奇奇不小心将明明推到了小博身上，小博举起拳头就对明明的脸打下去，明明的鼻子顿时流血了。老师对小博进行了批评教育，可他始终是一副桀骜不驯的样子。下午离园，家长来接孩子时，老师将小博的父母叫来谈话。他父母一听说小博打了人，没有等老师介绍事情的经过，伸手就要打孩子，老师赶忙上前阻拦。小博表情淡漠，一副无所谓的态度，没有表现出一丝胆怯。据了解，小博在家中对挨打已经习以为常，他父母的教育观念就是"棍棒底下出孝子"。在家里，只要小博有什么做得不对的地方，父母就以打骂的方式进行教育。

案例分析：小博爱动手打人的问题其实就源于家长对孩子潜移默化的负面影响。如果父母不分场合、不分原因地对孩子进行打骂教育，非但不能解决问题，还会伤害孩子的自尊心，给孩子的心理留下阴影。这样的孩子在长大后也容易出现过激的行为，甚至走向犯罪。

教师面对崇尚暴力教育的家长，可以尝试以下方法。

1. 尊重孩子

崇尚暴力教育的家长很可能自己就有一个充满暴力的童年，由此也反映在他们对子女的教育过程中，主要表现在两个方面：一是家长以成人的标准来要求孩子，忽视孩子生长发育的规律性特征；二是家长忽略了孩子的独立人格，不尊重孩子，用严厉责罚或奖励贿赂，迫使或利诱孩子听话或服从。通过上述案例可发现，家长认为打骂孩子是非常正常的事情，认为"孩子不听话，打他一顿"就可以解决一切问题。所以，对孩子不尊重，导致这类家庭出现了教育的偏差。应该说，尊重和关爱孩子那颗稚嫩的童心是家庭教育永恒的主题，而改变家庭教育观念和家庭教养方式，培育身心健康的婴幼儿则是家庭教育的关键。

2. 正确理解抗挫折能力

有的家长认为通过打骂让孩子受点挫折、吃点苦头，有助于培养孩子的独立性和抗挫折能力。这种教育观念是完全错误的。家是孩子温暖的避风港，父母对孩子的爱、接纳与尊重，会给孩子的成长带来无穷的力量，也是孩子获取自信并不断走向成功的重要因素。

3. 正确言语引导孩子成长

"狼爸虎妈"的教育模式不适合所有家庭。没有幸福的童年，就难有幸福的人生，因为童年的经历会影响人的一生。每个孩子都是不同的个体，教育也应该因人而异，适合其他孩子的方法未必适合自己的孩子。错误的家庭教育方式给孩子造成的心灵伤害，会在其成长的不同时期以不同的方式表现出来，甚至会严重影响孩子的生命质量。作为家长，当看到孩子突然变得闷闷不乐或者出现过激行为时，应耐心询问，并尝试和教师一同给孩子提供合理的解决问题的思路和建议。

🔗 案例分享

"棍棒教育"

托大2班下学期都快结束了，每天入园时丁丁还是会号啕大哭。白天，他有时也会不明原因地突然哭起来，还喜欢频繁地问老师："你会爱我吗？你真的会爱我吗？"一天早上，丁丁在吃饭时不肯坐下，说椅子太硬，坐着屁股疼。老师很是纳闷，坐了那么久的椅子，怎么突然就硬了呢？年长的保育员经验丰富，建议看一看是不是孩子的屁股上长了什么东西。这一看不要紧，老师都傻眼了，丁丁的屁股上印着血红的五个手指印。老师赶紧给丁丁妈妈打电话询问情况，丁丁妈妈支支吾吾地，好像有什么难以启齿的原因。在了解了老师的善意想法后，丁丁妈妈终于说了实话。原来，丁丁爸爸是位工程师，技术好，个性要强，工作也很忙，很少陪孩子，偶尔有时间陪孩子时，他总是想方设法地教这教那。丁丁虽然是个男孩，但是感情细腻又脆弱，爸爸教他学东西时，他不喜欢也不敢说，所以就养成了爱哭的习惯，遇到任何困难都哭。爸爸恨铁不成钢，觉得男孩子成天哭很要命，唯一的办法就是打，觉得孩子不打不听话。

四、职业规范与注意事项

1. 应结合不同类型家长的特点，科学地采取不同的沟通策略，促使家长更有效地参与到家园共育的工作中来。

2. 应积极主动地通过家访、电话等多种途径与家长沟通，指导家长掌握科学教育孩子的方法，并给予针对性的指导和帮助。

3. 在家园共育的沟通交流中，要始终将尊重家长、保护家长权利放在首位，积极营造家园沟通平等、和谐的氛围。

════ 步骤二　任务实训 ════

一、任务分组

学生任务分配表

班级			组名		
组长		学号		指导教师	
组员					
姓名	学号	姓名	学号	姓名	学号
任务分工：					

二、设计《家园共育沟通手册》

1. 收集信息：了解本班家长关注的情况

收集方式：

调查内容：

收集结果：

2. 确定合适主题

主题：

原因：

3.观看典型案例（扫二维码观看）

家长工作沟通
交流典型案例

三、模拟组织实施

请学习小组根据二维码中的案例和模板，撰写《家园共育沟通手册》。

四、任务实施总结

1. 通过完成上述任务，你学到了哪些知识或技能？

2. 遇到的问题及解决措施

3. 个人体会

签名：

日期：　　年　月　日

五、拓展实践

以小组为单位，调查本地的托育机构的《家园共育沟通手册》，调查内容建议如下：

1. 该园所《家园共育沟通手册》的内容有哪些？

2. 选择一个托班，尝试为其设计一份《家园共育沟通手册》。

===== 步骤三 思考提升 =====

1.《家园共育沟通手册》的内容有哪些？

2.《家园共育沟通手册》的目的是什么？

3.《家园共育沟通手册》的主题如何确定？

4.《家园共育沟通手册》的设计过程中要注意什么？

===== 步骤四 任务评价 =====

评价内容	评价标准	分值	小组自评	他组评分	教师评分
家长工作沟通的原则	能说出家园共育工作的原则	10			
不同类型家长的特点	能说出不同类型家长的特点	10			
与家长沟通的主要方法和策略	与家长沟通的方法能体现家园共育的理念	10			
	与家长沟通的方法和策略合理准确，能提供针对性的指导建议	10			
	能仔细核对，避免沟通方法出现错漏	10			
《家园共育沟通手册》的设计	家长和婴幼儿关系平等和谐、环境与氛围轻松	10			
	能科学引导家长学会观察婴幼儿表现	10			
	能及时对婴幼儿的反应作出积极的回应与指导	10			
	能倾听家长的疑惑和意见，作出合理解释，达成教育共识	10			
	体现家园共育的理念	10			
总分		100			

任务三　家园共育的信息化技能

任务背景

橙汁宝贝托育机构近期将举行家园共育信息化技能培训活动，你是托大1班的主班教师，接到教研组长的任务，你将组织本班的配班教师、保育员一起研讨家园共育信息化技能培训活动方案。

要求：请你根据任务情境，收集家园共育信息化技能的相关内容，和团队成员共同制订家园共育信息化技能培训活动方案并模拟实施。

任务目标

1. 了解家园共育信息化技能的内涵与价值。
2. 了解家园共育中常见的信息化沟通的原则与方法。
3. 能制订家园共育信息化技能培训活动方案。

任务实施

步骤一　知识梳理

一、家园共育信息化技能的内涵与价值

（一）家园共育信息化技能的内涵

近些年，信息化的概念和内涵广泛运用于各行各业，加速了我国信息化时代的到来。国家越来越重视教育的信息化建设。随着信息化时代的到来，人们的生活、学习和交流方式也发生着巨大的改变，许多年轻的父母渴望用信息技术与教师交流沟通，了解孩子在园生活的点点滴滴，希望得到及时的、有针对性的科学育儿指导，从而融入孩子的学习生活当中。

因此，为顺应时代发展潮流，整合各种力量，了解不同教师在家园共育沟通中的现状，分析教师如何通过网络互动平台进行家园沟通，解决家园共育中存在的问题，本任务研究教师在家园沟通中的成长需求，探索解决问题的办法和策略，提高教师的家园沟通能力，促进教师的专业成长，为进一步开展与家庭合作、实施家园共育提供理论依据，促进托育机构进一步开拓家园合作的广度和深度，深化幼教改革，开创素质教育的新局面。

（二）家园共育信息化技能的价值

当下，很多家长都能熟练使用电脑、手机等电子设备，人们的生活被各式

各样的信息所覆盖，网络已成为人们获取和传递信息的重要途径。教育信息技术以直观、高效、便捷的优势逐渐在各大校园中广泛运用，信息技术在不断地进步，教师与家庭沟通的渠道不能局限于传统的发放手册、日常通知、家访、家长会等模式。因此，要将信息化融入家园共育，最大限度地发挥出它的巨大优势。

1. 提高家园共育有效沟通

拓宽渠道、提高频率，加强家园之间的有效沟通。改变以往学校为主、家庭为辅的模式，充分发挥家园双方同步教育的作用，线上、线下相结合，实现家园共育"零距离"。

2. 提高教师与家长信息化水平

信息化移动平台、APP 一旦建立，就可以实现教育资源互通共享，各种教育资源汇集一堂。教师足不出户就可以和专家、其他教师分享交流教学理念，家长之间可以互相交流育儿经验，教师与婴幼儿之间可以互相增进情感，等等，大大提高教师的信息化能力和家长的育儿水平。

3. 更好地促进婴幼儿各方面发展

受多种客观因素影响，云端课堂能够让婴幼儿在家的时候想学就学，从而为婴幼儿居家学习提供良好平台；线上亲子活动能够增进家长与婴幼儿、教师与婴幼儿的感情，有效地促进婴幼儿的心理健康发展；网络直播可以让家长随时观察婴幼儿的学习情况，了解托育机构开展的各类活动，并针对自己孩子的情况做好相应配合，提高婴幼儿各项能力与技能；电子档案能够收集、记录婴幼儿的作品、日常生活视频、教学视频等，之后教师可以根据档案评价、分析，有针对性地指导婴幼儿，让婴幼儿富有个性地发展。总之，信息化的手段可以让教师及时了解、掌握婴幼儿的发展情况，从而更加科学有效地配合托育机构的工作，最终实现婴幼儿健康、全面、和谐发展。

二、家园共育中常见信息化沟通的原则与方法

（一）信息公开性原则

1. 微信群、QQ 群

通过各类信息群和家长及时沟通，教师及时发送婴幼儿在托育机构上课、游玩等各种场景的图片和小视频，布置课后小任务，实现实时无障碍的沟通。

2. 抖音视频、钉钉直播、信息化平台、云录制

制作视频，记录婴幼儿的成长过程，方便查看保存。家长会、家长开放日、六一国际儿童节汇报演出等活动通过线上直播和云录制的信息化方式，方便家长们在闲暇时间随时观看，弥补了一些家长因平日工作繁忙、出差、在外工作等无法到现场观看而错过婴幼儿成长的遗憾。家里的长辈如爷爷奶奶、外公外婆也能通过智能手机、电脑等观看婴幼儿在托育机构的成长情况。

笔记栏

3. 微信公众号

托育机构定期发布新闻稿，宣传和报道园所近期举办的各类活动，记录各类事件，方便家长们了解托育机构的动向，起到监督和管理作用。

（二）准确性原则

园所在各类社交平台发布的图片、视频等须清晰准确，任何人不得随意剪辑、拼接图片和视频，不得歪曲事实真相、混淆视听，发布虚假新闻和消息。网络不是法外之地，任何人都要谨言慎行。

（三）适应性原则

家园共育所采用的信息化途径和信息化应用的方法、策略必须方便不同情况的家长参与和操作。系统、移动信息化等平台在操作上应通俗易懂，并有简易的视频短片或步骤指导家长使用。

三、家园共育信息化技能培训活动的组织策略

（一）活动的准备

1. 明确培训目标，制定适宜的内容

科学合理的培训目标对于家园共育信息化技能培训及其具体的形式具有重要的指导作用。教师要根据家长的实际情况，合理制定培训目标。教师要注重结合家园共育信息技术的特点和情况，融入社会热点问题，提升培训的深度。例如，在孩子生病、疫情等特殊时期，可利用线上直播课堂、课堂云录制、线上家长会等信息化手段，辅助教学活动的开展。在每月的活动中，要注重利用信息化手段展示、回顾婴幼儿阶段性的成长和进步。在节日庆祝活动中，可利用电子屏幕、一体机等多种方式来回滚动播放以往开展的活动视频。

培训内容形式的选择要有趣味性、互动性，易于家长理解操作。此外，要能多维度地展现孩子在园所的表现。教师要定期在微信群、QQ群等发布更新简单易懂的信息技术操作说明，并提醒家长阅读。

2. 明确人员任务，梳理培训的流程

为了确保培训的顺利开展，托育机构教师和家长的责任要进行明确划分和安排，确保活动的各个环节都有专人负责。例如，负责培训主线的教师安排；家长志愿者工作安排；教师之间的配合如何开展等。在培训活动之前，要对具体的工作和责任进行细化分工，确保活动有序进行。

做好家长通知工作，确保培训顺利开展。一是通知培训时间，方便家长做好时间上的安排。二是根据培训形式，通知家长需要注意的培训流程，对培训的合理性具有很好的检验效果。如果培训时间太长，容易引起家长的厌烦情绪；如果时间太短，家长不能全身心投入，则会降低培训效果。

3.调试培训设备，招募培训的志愿者

信息化技能培训的准备和环境布置是非常重要的，教师应提前准备好培训所需物品，并做好培训设备的调试工作，确保培训效果。可以提前让家长报名参与信息化技能培训的组织工作，让家长们成为活动志愿者，积极宣传信息化技能使用的重要性。也可以邀请信息化水平较高的家长来分享园所信息化技术使用的心得。

（二）培训的组织

1.合理组织，全面展示信息化技能应用水平

信息技术不断更新和应用，能让家长了解托育机构的新教育理念，并帮助家长更快更好地观察到自己孩子的发展规律和特点。通过直播、云录制、小视频等越来越多的信息化方式，能更好地展示、记录、传播、存储婴幼儿的成长过程，这需要托育机构合理组织各项信息技术培训。

2.讲究策略，加强与家长的良性互动

家园共育信息化培训的内容需要符合目前信息化技术客观发展的需求，不能滞后于现有的信息化水平。另外，要考虑到家长的个体差异，例如园所准备投入使用一套新的系统，可能会有家长质疑、反对，因此既要转变部分家长的观念，又要兼顾群体的需要。

（三）活动的后期

家园共育信息化技能培训活动后，家长的反馈格外重要，教师应通过多种形式同家长沟通交流。例如，教师开放家园共育信息化技能评价渠道，鼓励家长对新系统、新技术进行评价，并及时反馈意见和建议，从而有利于家长支持托育机构工作，促进家园交流与合作。

🔗 案例分享

巧用"移动云"促家园互动

充分利用家长资源，实现家园互动合作共育。在"移动云"这个信息技术平台中，家长可以在活动相册、班级日志上看到婴幼儿在园开展的活动，在宝宝动态里可以看到婴幼儿在园与其他小伙伴一起玩耍时的照片，教师把照片上传到这个平台，让家长了解托育机构的一日活动，家长可以给教师留言，教师看到后会及时回复家长。

如何提高家长对"移动云"的使用率？

1.丰富文字内容。在上传活动相册、班级日志、宝宝动态时，少使用一些比较单一的文字，如："你真棒！瞧，我在干什么？"要写一些能够体现所上传照片的内容的文字。

2.要及时回复家长的留言。对于家长在平台上的留言，教师看到

笔记栏

了要及时回复，如果不予回复，那么久而久之家长就不会再使用了。

3. 多发动态、日志、相片。家长们最关心的就是孩子在园的活动，如果教师能够多发些动态、日志、相片，家长就会经常打开"移动云"。

四、职业规范与注意事项

1. 应充分发挥信息技术在家园共育工作中的重要作用，有效实现家园共育"零距离"。

2. 制订家园共育信息技能培训活动方案时要全面考虑，仔细核对，避免活动流程与内容出现错漏。

3. 在培训环节的设计中，应注重培训的互动环节，使家长能够积极参与到活动中来。

4. 培训后，教师应有意识地请家长提出合理的看法和建议，同时关心家长，解决疑难问题，使信息化技能的培训和应用真正促进家园共育的合作沟通。

━━━━ 步骤二　任务实训 ━━━━

一、任务分组

学生任务分配表

班级			组名			
组长		学号		指导教师		
组员						
姓名	学号	姓名	学号	姓名	学号	
任务分工：						

二、设计家园共育信息化技能培训活动方案

1. 确定培训主题

主题：

原因：

2. 绘制培训活动流程图

3. 撰写家园共育信息化技能培训活动方案（扫二维码观看参考案例）

家园共育信息化技能培训活动方案

4. 制作《家园共育信息化技能培训活动反馈意见表》（扫二维码观看参考案例）

《家园共育信息化技能培训活动反馈表》

三、模拟组织实施

　　请学习小组根据本组撰写的家园共育信息化技能培训活动方案，参照家园共育信息化技能培训组织实施流程图，分角色模拟组织实施橙汁宝贝托育机构托大 1 班的家园共育信息化技能培训活动。

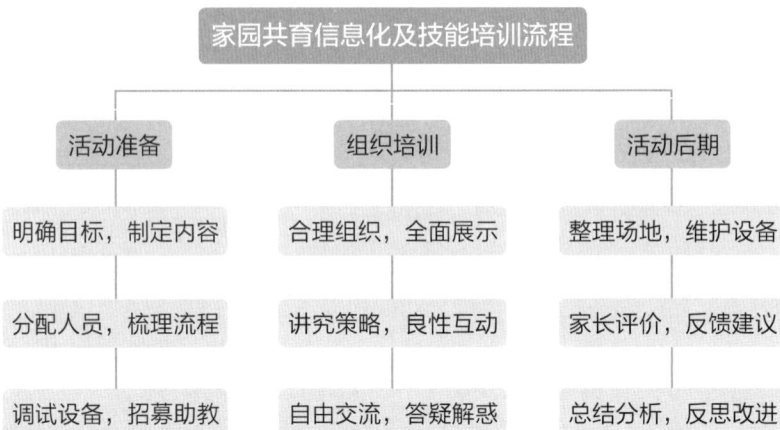

家园共育信息化及技能培训流程

活动准备	组织培训	活动后期
明确目标，制定内容	合理组织，全面展示	整理场地，维护设备
分配人员，梳理流程	讲究策略，良性互动	家长评价，反馈建议
调试设备，招募助教	自由交流，答疑解惑	总结分析，反思改进

四、任务实施总结

1. 通过完成上述任务，你学到了哪些知识或技能？

2. 遇到的问题及解决措施

3. 个人体会

签名：

日期：　　年　月　日

五、拓展实践

　　以小组为单位，调查本地托育机构开展家园共育信息化技能培训活动的情况，调查内容建议如下：

　　1. 该园所家园共育信息化技能培训活动的主题与形式有哪些？

　　2. 选择一个托班，尝试为其设计一份家园共育信息化技能培训活动方案。

━━━ 步骤三　思考提升 ━━━

1. 家园共育信息化技能培训活动的形式有哪些？
2. 家园共育信息化技能培训活动的目的是什么？
3. 家园共育信息化技能培训活动的主题如何确定？
4. 家园共育信息化技能培训活动的实施过程中要注意什么？

━━━ 步骤四　任务评价 ━━━

评价内容	评价标准	分值	小组自评	他组评分	教师评分
家园共育信息化技能的内涵与价值	能说出家园共育信息化技能的内涵	10			
	能说出家园共育信息化技能的价值	10			
家园共育信息化沟通的原则与方法	家园共育信息化沟通能体现家园共育的理念	10			
	家园共育信息化沟通的原则与方法合理准确，能提供针对性的指导建议	10			
	能仔细核对，避免沟通方法出现错漏	10			
家园共育信息化技能培训活动方案的设计	家长和教师关系平等和谐、环境与氛围轻松	10			
	能科学引导家长学会观察婴幼儿表现	10			
	能及时对婴幼儿的反应作出积极的回应与指导	10			
	能倾听家长的疑惑和意见，作出合理解释，达成教育共识	10			
	体现家园共育的理念	10			
总分		100			

【项目测试】

项目测试一

|项目二| 常规性婴幼儿家园共育工作

🌀 项目导读

在家园共育模式下，托育机构应注重常规性婴幼儿家园共育工作，通过多种形式的常规性婴幼儿家园共育工作，提升教师和家长的家园共育意识，确保常规性婴幼儿家园共育工作取得良好的实效。常规性婴幼儿家园共育工作属于日常性的家园共育，它包括家园共育的环境创设、建立家园共育档案、成立家长委员会、召开家长会、家访与日常接待。

◇ 教学目标

◎素质目标

1. 树立服务家长的意识。
2. 培养团队合作、反思总结的能力。

◎知识目标

1. 能说出常规性婴幼儿家园共育的价值、主要内容与特点。
2. 能说出常规性婴幼儿家园共育的常见活动形式。

◎能力目标

1. 能制订常规性婴幼儿家园共育的活动方案。
2. 能组织实施常规性婴幼儿家园共育活动。

项目导览

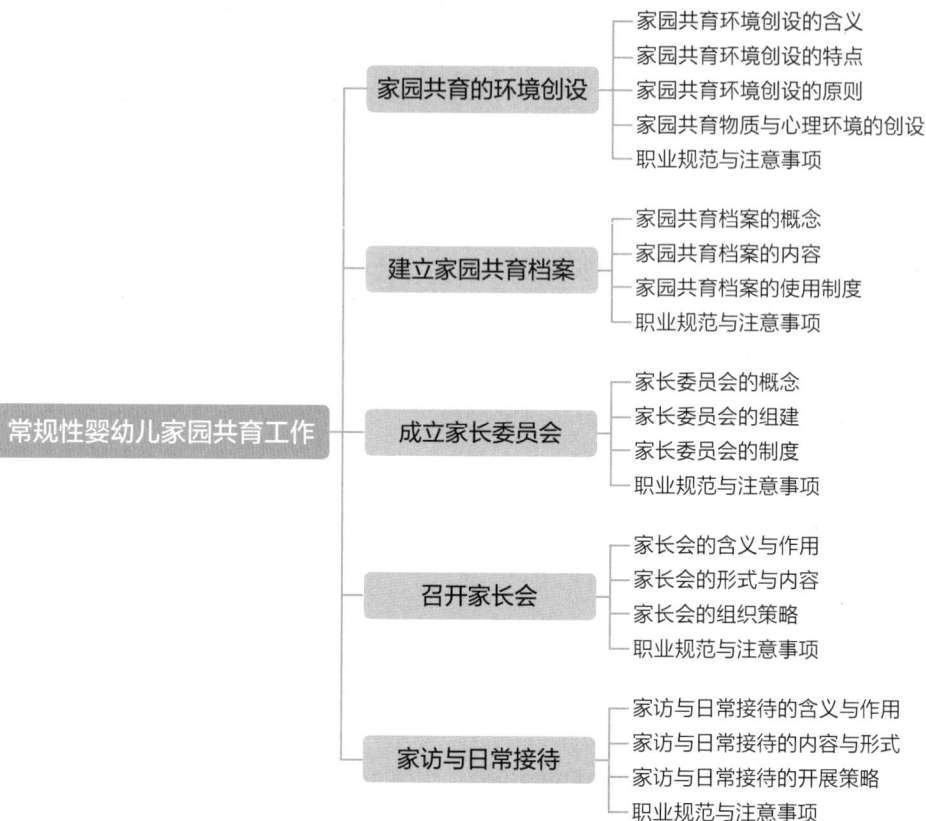

常规性婴幼儿家园共育工作

家园共育的环境创设
— 家园共育环境创设的含义
— 家园共育环境创设的特点
— 家园共育环境创设的原则
— 家园共育物质与心理环境的创设
— 职业规范与注意事项

建立家园共育档案
— 家园共育档案的概念
— 家园共育档案的内容
— 家园共育档案的使用制度
— 职业规范与注意事项

成立家长委员会
— 家长委员会的概念
— 家长委员会的组建
— 家长委员会的制度
— 职业规范与注意事项

召开家长会
— 家长会的含义与作用
— 家长会的形式与内容
— 家长会的组织策略
— 职业规范与注意事项

家访与日常接待
— 家访与日常接待的含义与作用
— 家访与日常接待的内容与形式
— 家访与日常接待的开展策略
— 职业规范与注意事项

任务一　家园共育的环境创设

▣ 任务背景

橙汁宝贝托育机构近期将举行家园共育环境创设比赛，你是托大 1 班的主班教师，接到教研组长的任务，请你组织本班的家长、配班教师、保育员一起设计。

要求：请你根据任务情境，收集创设家园共育环境的资料和装饰材料，和团队成员共同制订家园共育环境创设方案并模拟实施。

◤ 任务目标

1. 理解家园共育环境创设的含义、特点和原则。
2. 能制订家园共育环境创设的方案。
3. 能组织家长开展家园共育环境创设，培养与家长沟通合作的能力。

✓ 任务实施

━━━━ **步骤一　知识梳理** ━━━━

一、家园共育环境创设的含义

（一）家园共育

家园共育由"家园"和"共育"组成。0～3 岁婴幼儿家园共育中，"家园"指的是家庭和托育机构，"共育"指的是两个或两个以上的人或群体相互配合完成某项任务。可见，家园共育是相互配合的活动，既不是教师或家长某一方的工作，也不是一方为主、另一方为辅进行配合，而是教师和家长共同携手培育婴幼儿。家庭和托育机构都是影响婴幼儿身心发展的主体，双方通过相互沟通、了解、配合与支持来影响婴幼儿，从而共同促进婴幼儿的全面发展。

（二）家园共育环境创设

1. 托育机构环境

托育机构环境有广义和狭义之分。广义的托育机构环境是指托育机构教育赖以开展的一切条件的总和。狭义的托育机构环境是指在托育机构中对婴幼儿身心发展产生影响的一切物质与精神要素的总和。

托育机构环境包括两个方面。一是物质环境，物质环境是托育机构一切教育、学习、生活等行为得以开展的基础，良好的物质环境可以保证高质量的保教活动，为婴幼儿提供最舒适的生活和学习条件，因此物质环境直接影响婴幼儿的成长。二是心理环境，心理环境是婴幼儿日常生活和学习的氛围，如教师在开展保教活动时的态度和方法、教师与婴幼儿相处的方式等，心理环境是否适宜对婴幼儿健康人格的形成有着巨大的影响，在一定程度上比物质环境对婴幼儿的影响更大。

2. 托育机构环境创设

托育机构环境创设是指教师在一定的托育机构环境中，有目的、有计划地通过布置物质环境和营造心理环境，以创设良好的托育机构环境的过程。托育机构物质环境创设包含场地、园所设备、室内空间的安排与利用、游戏材料、园所墙面布置和班级环境布置等方面的创设。托育机构心理环境创设包括师幼关系、同伴关系、教师间的关系、教师与家长的关系等方面的创设。

3. 家园共育环境创设

家园共育的本质特点就是"共"，即托育机构与家庭、教师与家长相互配合，共同促进婴幼儿发展。家庭与托育机构同是培育婴幼儿的重要环境，家长与教师都是教育和照护婴幼儿的主体，是合作伙伴的关系，应该携手合作，共同担负起教育和照护婴幼儿的任务。

家园共育环境创设既不是托育机构单方面能够完成的，也不是家庭单方面能够胜任的，必定需要双方的通力合作，才能充分发挥教育的整体功能。家园共育环境创设是指托育机构与家庭双方积极主动地相互配合、相互支持，通过托育机构与家庭的相互合作，共同创设婴幼儿生活和学习的环境。共育合作既能促进婴幼儿的成长，又能促进教师和家长自身的发展。

二、家园共育环境创设的特点

（一）共同合作性

创设良好的环境对婴幼儿有着十分重要的促进作用。只有教师、家长共同合作，了解环境的重要性并参与环境创设，才能让婴幼儿的教养者们认识到环境对婴幼儿发展的意义，成为环境创设乃至环境教育的理解者、响应者和创造者。

教师和家长共同合作，为婴幼儿创设一个良好的环境。教师和家长通过参与托育机构的环境创设及活动，加强了沟通，认识了物质环境和心理环境对婴幼儿的重要性。在家园共育环境创设中，教师、家长和婴幼儿建立平等、民主的关系，教师、家长和婴幼儿自由地选材、探索和创新，并有意识地探索和创设各种条件、环境来促进婴幼儿的可持续发展。因此，家园共育环境创设需要家园双方的共同合作，家园共育环境创设具有共同合作性的特点。

（二）隐形教育性

《托育机构保育指导大纲（试行）》指出："通过创设适宜环境，合理安排一日生活和活动，提供生活照料、安全看护、平衡膳食和早期学习机会，促进婴幼儿身体和心理的全面发展。"托育机构的物质环境和心理环境都对婴幼儿具有隐形的教育性，影响着婴幼儿活动的效果。例如，托育机构的空间、设施、游戏材料和墙面布置等都可以成为引发婴幼儿主动探索和交往的空间；教师亲切的态度和有爱而有规则的管理方式可以形成轻松、温馨的心理环境；和谐的家园关系、民主的师幼关系和友爱的同伴关系可以让婴幼儿处于轻松、愉快的心理环境中。

（三）具有可控性

托育机构和家庭的环境都由教师和家长设计和布置，具有可控性。家庭环境创设对婴幼儿十分重要，《3岁以下婴幼儿健康养育照护指南（试行）》指出："家庭是婴幼儿早期成长和发展的重要环境。要构建温馨、和睦的家庭氛围，给儿童展现快乐、积极的生活态度，培养积极、乐观的品格。同时，要为婴幼儿提供整洁、安全、有趣的活动空间，有适合其年龄的玩具、图书和生活用品。"教师应从保育和教育的角度出发，同家长沟通合作，有选择地控制玩具进入托育机构，和家长商量着为婴幼儿选购一些符合其年龄特点的、有教育意义的玩具，并根据婴幼儿的特点和活动需要，有效地调控环境中的各种因素，维护环境的动态平衡，使之始终保持在最适合婴幼儿发展的状态。

三、家园共育环境创设的原则

（一）安全性原则

保护婴幼儿的安全与健康是托育机构和家庭的首要责任。在班级和家庭内，无论布置怎样的环境，首先要考虑安全。环境的安全包括物质环境的安全和心理环境的安全，婴幼儿的身心安全是重中之重。物质环境的安全是指物质环境有利于婴幼儿身心健康，把伤害性事件发生的可能性降到最低。和婴幼儿接触的材料必须保证安全，布置环境时一定要考虑是否存在安全隐患。心理环境的安全是指通过建立民主、平等、和谐的亲子关系、师幼关系、同伴关系和科学的生活习惯与常规，使婴幼儿产生心理上的安全感。

（二）适宜性原则

适宜性原则是指环境创设要符合婴幼儿的年龄特点。婴幼儿发展存在着明显的年龄差异，不同年龄阶段的婴幼儿具有不同的身心发展水平，在动作、语言、认知、记忆以及社会性方面具有明显的差异。教师和家长在创设环境时，必须考虑婴幼儿的个体差异。每一个婴幼儿都是独立的个体，有其独立的发展速度和水平，在兴趣、能力、学习方式等方面表现出很大的差异。要尊重婴幼儿的独立性和差异性，照顾到全班婴幼儿，又要结合婴幼儿的个体差异，顾及个别婴幼儿，使每个婴幼儿都能得到不同程度的发展。

（三）趣味性原则

环境是婴幼儿成长和发展的场所，有趣才能吸引婴幼儿的注意。托育机构环境的创设，服务对象是 0 ～ 3 岁的婴幼儿，根据婴幼儿的年龄特点，创设的环境必须要带有趣味性。图片尽量色彩鲜艳、具体形象、夸张，以吸引婴幼儿的注意；及时增添环境材料，让婴幼儿对环境有一种新鲜感，促进婴幼儿主动与环境进行互动并有所收获。

（四）教育性原则

环境创设具备教育性。托育机构的环境总是直接或间接对婴幼儿产生影响，为了充分发挥环境对婴幼儿的教育作用，教师在创设环境时，需要结合托育机构的保育和教育目标。同时，环境创设的目的是让婴幼儿潜移默化地受到影响，所以婴幼儿决定了环境创设的教育性特点。无论是物质环境创设还是心理环境创设，都有教师和家长的智慧蕴含其中，让环境发挥最大的教育价值，让婴幼儿在操作、探索中发展各方面能力。教师和家长要引导婴幼儿与环境充分互动，挖掘其最大的教育价值。

（五）参与性原则

参与性原则是指教师、家长与婴幼儿要相互合作，共同参与婴幼儿生活和学习环境的创设。教师、家长和婴幼儿都是参与环境创设的主体，三方既可以了解创设环境的目的，又可以体验通过自己辛勤劳动而带来环境改变的欣喜。环境创设的过程是教师、家长和婴幼儿共同合作的过程。合作是婴幼儿更好地参与集体活动所必备的品质，集体活动是培养婴幼儿合作意识的重要途径。

四、家园共育物质与心理环境的创设

家园共育环境创设包括物质环境创设与心理环境创设两部分。物质环境包括阳光、空气、水、活动场地、房屋建筑、园舍设施和活动材料等，是婴幼儿生活其中、与之接触的物质世界；心理环境包括托育机构和家庭的氛围、家长和教师的态度以及精神面貌、亲子关系、师幼关系、家园关系、同伴关系和同事关系等，会潜移默化地影响婴幼儿的品行、认知和行为方式。

（一）物质环境的创设

1. 户外环境的创设

健康的户外环境能促进婴幼儿发展，创设时要注意环境的安全性、实用性、可探索性等，具体如下。

（1）场地安全、实用、科学

户外场地是婴幼儿动作发展的主要场所。因此，创设户外环境时要以安全为本，环境应符合婴幼儿的生长发育特点。户外场地以坚实平坦的土地、沙地、草地为主，有条件的托育机构可以铺设塑胶场地。游戏场地结构的设计要具有科学性，在设计时应考虑婴幼儿活动的动静交替原则：从安静的、活动量小的区域到吵闹的、活动量大的区域，中间可以设计一些过渡环节，使活动量由小增大。托育机构在保证婴幼儿充足活动场地的同时，应尽量扩大绿化面积，为婴幼儿营造适宜的生活环境。

（2）器械设备适宜

器械设备是婴幼儿活动和游戏的物质条件。器械设备的选购与安装应符合婴幼儿的年龄特点和兴趣需要。例如，为了满足学步期婴幼儿的需要，托育机构可以安装学步梯。器械设备的材料也应充分考虑婴幼儿的生长需要，符合婴幼儿的身高特点。器械设备要安装牢固，并定期检查与维护。器械设备的数量与场地面积之间要符合一定的比例规定，数量过多会减少婴幼儿集体活动的场地，数量过少会造成婴幼儿的争抢，发生安全问题。

2. 室内环境的创设

家园共育室内环境包括托育机构室内环境和家庭室内环境。婴幼儿的大部分时间是在托育机构和家庭中度过的，室内环境对婴幼儿的动作、语言、认知、情感和社会性发展都具有重要作用。

（1）托育机构室内环境

托育机构室内环境包括园所橱窗、家园共育主题墙、温馨寄语等。

①园所橱窗：托育机构班级门口的橱窗虽小，但作用却不可小看。它不仅是托育机构和家庭之间的纽带，也是家园交流育儿经验、开展热点话题讨论、反映家长心声的最佳途径。橱窗的所有照片、图表、文章，都在无声地传达着园所教科研的开展动态和班级多彩的教育活动。例如，新学期开始了，可向婴幼儿、家长、教师发出新学期寄语，出示"家园沟通意见书"，展示婴幼儿一周生活流程表。

②家园共育主题墙：开设家园共育主题墙，让家长和教师通过主题墙了解孩子的情况，加强沟通。例如，在主题墙中设计"美好瞬间分享展"，教师、家长和婴幼儿通过照片分享生活和快乐，如分享游戏瞬间、进餐瞬间、睡眠瞬间、家园才艺大展示瞬间、亲子活动瞬间、家园同游瞬间等。

③温馨寄语：可将名人名言、育儿理念、育儿经验以标语提示的形式挂在楼梯、走廊的墙壁上。寄语虽短，但起到了潜移默化的教育作用。每一次审视，都带来对自身教育行为的反思；每一次拜读，都仿佛是在聆听哲人的教诲。

（2）家庭室内环境

家庭是婴幼儿早期成长和发展的重要环境，家长和教师应共同商量、沟通家庭环境创设。其一，家庭场地方面，居家环境要整洁、舒适，要为婴幼儿提供整洁、安全、有趣的活动空间。其二，家庭设施方面，要提供适合婴幼儿年龄特点的用具，如餐具和水杯、儿童便器等；根据婴幼儿的发育水平提供适当的玩具、图片和图书等；在合适的位置张贴图案简洁、色彩鲜艳、富有童趣的挂图。其三，儿童空间方面，家庭中设置相对固定和安全的婴幼儿活动区域，空间和设施要符合婴幼儿的特点和发育水平。最后，睡眠环境方面，卧室应安静、空气新鲜，室内温度以 20℃～25℃为宜；白天不必过度遮蔽光线，夜晚睡后熄灯；卧室不宜放置电视等视屏类产品。

（二）心理环境的创设

托育机构和家庭的人际关系、氛围构成了家园共育的心理环境，影响着婴幼儿的生活和成长质量，影响着婴幼儿身心健康发展。心理环境的创设应注意以下几点。

1. 满足婴幼儿的心理需要

尊重和理解婴幼儿的心理需要，是建立和谐亲子关系、师幼关系的前提和基础。教师和家长应尊重并满足婴幼儿的心理需要，这是照护者的责任。

婴幼儿与成人一样，都有情感需要。教师和家长是婴幼儿人生中的重要角色，应给予婴幼儿爱与关怀，满足婴幼儿需要爱、渴望爱的情感。如婴幼儿刚入园时，很多婴幼儿都存在分离焦虑的问题，教师和家长若能尽可能多地抱抱婴幼儿并用语言疏导，就可以安抚婴幼儿焦虑的情绪，给他们安全感。

婴幼儿也有交往需要，通过与同伴交往，可以使婴幼儿学会轮流、分享、合作等社会行为。教师和家长应多为婴幼儿提供与同伴交往的机会和场所，为婴幼儿创造交往的机会。例如，家长可以多带婴幼儿前往小区活动区，为婴幼儿与同伴交往提供机会；教师可以利用游戏活动时间，为婴幼儿提供社交的机会。

自尊与自信能使婴幼儿萌发探索的欲望，教师和家长要学会尊重和相信的婴幼儿，帮助婴幼儿树立自信心，满足婴幼儿自尊与自信的需要。在日常生活和学习中，教师和家长可以有计划地、逐步地培养婴幼儿的自尊心，肯定婴幼儿的行为，采取鼓励的方式给予婴幼儿自信心。例如，教师和家长可以通过榜样力量、体验挫折感，减少婴幼儿的盲目自信；对于缺乏自信的婴幼儿，教师和家长可减少任务难度，让婴幼儿体验成功感，帮助其树立自信。

2. 建立良好的人际关系

心理环境包括托育机构和家庭的氛围、教师和家长的态度与精神面貌、亲子关系、师幼关系、家园关系、同伴关系等，建立良好的人际关系至关重要。

亲子之间、师幼之间的有效交往需要教师和家长尊重婴幼儿，平等、民主地对待婴幼儿。日常生活中，教师和家长可以蹲下来与婴幼儿交谈，了解婴幼儿的想法和情绪。在与婴幼儿交往的过程中，教师和家长要学会与婴幼儿交谈的方式，可用鼓励、赞同的语言向婴幼儿传达"我在听你说话，并对你说话的内容很感兴趣，请你慢慢说"的信号，倾听婴幼儿的表达，理解婴幼儿的心声。在倾听的过程中，把自己的意见和建议反馈给婴幼儿，能逐渐培养婴幼儿倾听的习惯。

🔗 **案例分享**

创设低混环境，打造游戏空间

创设有效支持低混婴幼儿的环境，需要尊重不同年龄婴幼儿的发展水平和个性发展需求。如在用纽扣和图片进行规律排序的游戏活动时，审思异龄婴幼儿的不同游戏类型，有助于了解如何创设低混环境。

（1）忽视同伴型。游戏时，妹妹小莹从数学柜里选择了纽扣玩具。她拿起透明筒，随意将纽扣放入筒内，边做边对教师说："装进去了。"这时，姐姐晞桐从旁边经过，看了一会儿，坐在小莹旁边，拿起另一个透明筒，按照 AB 规律将纽扣放入筒内。放完后，晞桐看了看小莹的纽扣筒说："你放错了，要和我一样有规律地放。"小莹看了看晞桐，还是按照自己的方法做，直至筒内装不下纽扣了。她对晞桐说："我装满了。"说完将纽扣倒了出来，重新无规律地放纽扣。

（2）受教模仿型。游戏时，晞桐又选择了纽扣玩具。她自创了 AB 规律玩法，并接受教师的建议，又自创了 AABB、AAAAABBBBB 规律，随后在教师的支持下又摸索出 ABC、ABB 规律，并记录下来。晞桐操作时，妹妹添霓在旁边观看。过了一会儿，添霓搬来一张椅子坐下，拿起另一个纽扣筒玩了起来。晞桐指点道："你弄错了，这样是没有规律的。""哪里错了？"添霓问。晞桐拿起自己的记录单，指着上面的记录说："你可以按照上面的样子去放，一个红色、一个蓝色。""我看不懂你画的记录单。"添霓说。晞桐望向教师，教师让晞桐自己尝试解决问题。晞桐拿起自己装好的纽扣筒，放在添霓面前说："你可以按照这个摆放。"随后，添霓用相同的规律放好了纽扣。

（3）自主效仿型。教师提供了新的图片规律材料，晞桐选择了此材料，妹妹瑞芯在她旁边坐了下来。晞桐拿起碗、勺的图片，按照 AB 规律排成一排。瑞芯看了一会儿，主动拿起男孩、女孩的图片开始排列。排完后，晞桐拿起记录单，用圆形和三角形代替碗和勺，将自己摆放的规律记录下来。瑞芯又看了一会儿，拿出同样颜色的水彩笔，模仿晞桐记录。瑞芯拿着记录单说："圆形代表男孩，三角形代表女孩，我的规律是〇△〇△〇△。"晞桐将展示栏中的旧作品摘下来，贴上自己的记录单。瑞芯也学晞桐，将自己的记录单粘贴在展示栏上。

通过以上案例可以明显感受到，低混婴幼儿之间的互动关系能够自然实现，这主要源于以下两个方面。

其一，满足心理需求的低混环境。上述案例中，民主、平等、和谐的氛围是异龄婴幼儿交往的前提。大龄、小龄婴幼儿之间的互动自然发生，且大龄婴幼儿往往处于指导地位。因为大龄婴幼儿更能理解材料的操作目标指向，并乐于接受挑战，努力探索尝试。在游戏中，他们时常关注小龄婴幼儿的操作情况，愿意想办法帮助小龄婴幼儿成长，从中获得积极的情感体验。

其二，满足个性需求的低混环境。婴幼儿在自主游戏中不因环境、材料的分隔而断开联系，尤其对于小龄婴幼儿来说，因为能力不同，他们有自己的游戏目的，回应同伴具有差异性。如小莹处于对填满、倒空的空间进行探索的阶段，所以忽视晞桐按规律排序的建议；添霓希望跟随晞桐的步伐规律排序，但没有掌握方法，所以乐于模仿，接受晞桐的指导，学习怎样按规律排序；瑞芯对规律排序有一定的了解，主动观察、效仿晞桐的操作、记录，举一反三地吸纳经验。教师为婴幼儿提供异龄相处的机会，为婴幼儿的社会交往提供多元化方式，有利于改善婴幼儿以自我为中心的行为。

五、职业规范与注意事项

1. 家园共育环境创设的主题和内容选定能体现家园共育环境创设的原则。

2. 在家园共育环境创设中，要鼓励家长和婴幼儿积极参与班级环境设计与制作的全过程，使家长和婴幼儿体验环境创设的快乐，热爱托育机构。

3. 家园共育环境创设材料的提供并不是越多越好，要根据主题开展情况和婴幼儿的兴趣以及婴幼儿的发展水平，适时提供相对应的材料。

4. 一切材料的购置必须以保障婴幼儿身心健康为先，确保安全和质量。

5. 制订家园共育环境创设活动方案时要全面考虑，仔细核对，避免活动流程与内容出现错漏。

6. 活动后，教师应有意识地请家长提出合理的看法和建议，同时关心家长，解决疑难问题，使家园共育环境创设真正成为家园共育的合作活动。

步骤二　任务实训

一、任务分组

学生任务分配表

班级			组名		
组长		学号		指导教师	
组员					
姓名	学号	姓名	学号	姓名	学号
任务分工：					

二、设计家园共育环境创设比赛方案

1. 收集信息：了解本班家园共育环境创设的情况

收集方式：

调查内容：

收集结果：

2. 确定家园共育环境创设比赛的主题与困难

主题：

困难：

3. 绘制家园共育环境创设比赛设计与实施流程图

续表

4. 撰写家园共育环境创设比赛方案（扫二维码观看参考案例）	家园共育环境 创设比赛方案
5. 制作《家园共育环境创设比赛评价表》（扫二维码观看参考案例）	《家园共育环境创 设比赛评价表》

三、模拟组织实施

　　请学习小组根据本组撰写的家园共育环境创设比赛方案，收集创设家园共育环境的资料和装饰材料，和团队共同完成创设家园共育环境方案的制订并模拟实施，参加橙汁宝贝托育机构家园共育环境创设比赛。

四、任务实施总结

1. 通过完成上述任务，你学到了哪些知识或技能？

2. 遇到的问题及解决措施

3. 个人体会

签名：

日期：　　年　月　日

五、拓展实践

　　以小组为单位，调查本地托育机构开展家园共育环境创设工作的情况，调查内容建议如下：

　　1. 该园所家园共育环境创设的主题与形式有哪些？

　　2. 选择一个托班，尝试为其设计一份家园共育——展板环境创设的设计图。

━━━━ **步骤三 思考提升** ━━━━

1. 家园共育环境创设的特点有哪些?
2. 家园共育环境创设的原则是什么?
3. 家园共育环境创设包括哪些方面?
4. 家园共育环境创设比赛的实施过程中要注意什么?

━━━━ **步骤四 任务评价** ━━━━

评价内容	评价标准	分值	小组自评	他组评分	教师评分
家园共育环境创设的含义与作用	能说出家园共育环境创设的含义	5			
	能说出开展家园共育环境创设的作用	5			
家园共育环境创设的特点	能说出家园共育环境创设的特点	10			
家园共育环境创设的原则	能说出家园共育环境创设的原则	10			
家园共育环境创设比赛的设计	家园共育环境创设活动的主题和内容选定能体现家园共育的理念	5			
	家园共育环境创设、作息时间安排科学合理,符合婴幼儿年龄特点	5			
	家园共育环境创设比赛方案体例设计完整	10			
	能仔细核对,避免比赛流程出现错漏	5			
	能制作出有针对性的《家园共育环境创设比赛评价表》	10			
家园共育环境创设比赛的实施	组内角色分工明确,展示完整流畅	5			
	家园关系、师幼关系平等和谐,环境与氛围轻松	10			
	能科学引导家长学会观察婴幼儿表现	5			
	能及时对婴幼儿的反应作出积极的回应与指导	5			
	能倾听家长的疑惑和意见,作出合理解释,达成教育共识	5			
	体现家园共育的理念	5			
总分		100			

🌙 任务二　建立家园共育档案

🔲 任务背景

橙汁宝贝托育机构每班开始建立家园共育档案，你是托小 1 班的主班教师，接到教研组长的任务，请你组织本班的配班教师、保育员一起设计家园共育档案。

要求：请你根据任务情境，收集建立家园共育档案的内容与形式等相关内容，和团队成员共同设计家园共育档案并模拟实施。

🚩 任务目标

1. 了解家园共育档案的概念和内容。
2. 能组织家长设计本班的家园共育档案。
3. 能建立家园共育档案的使用制度。

✅ 任务实施

———— 步骤一　知识梳理 ————

一、家园共育档案的概念

家园共育档案是教师、家长、婴幼儿共同参与的档案，通过多种形式记录婴幼儿的成长历程，真实地记录了婴幼儿的在园情况、在家活动信息和个性化成长轨迹。家园共育档案凝聚了婴幼儿成长、学习、生活的点点滴滴，不仅能有效地展示婴幼儿美好的童年生活，还能有效地反馈婴幼儿教育过程中的亮点和不足，有效促使教学反思行为的开展，有效服务于后阶段婴幼儿教育质量的提升。

家园共育档案通过简单明了的书面叙述、照片记录和作品汇编，反映婴幼儿在托育机构和家庭中生活和学习等方面的情况，家园双方都应认真完成档案记录工作，让托育机构与家庭紧密地联系起来，成为家园互动的有力桥梁。

二、家园共育档案的内容

家园共育档案主要记录婴幼儿完成各种活动的成果。档案内容包括教师及家长对婴幼儿的观察记录、婴幼儿的活动作品以及各种反馈信息。

（一）家园共育档案的常规内容

家园共育档案的常规内容包括一日生活评分、典型案例记录和领域目标评定等。

一日生活评分是对婴幼儿在园一日生活的各个环节的活动情况进行评价，主要包括婴幼儿进餐、盥洗、睡眠、交往、游戏、情绪表现等，可通过评价表格进行评分并附上照片。

典型案例记录是家园共育档案中教师和家长对婴幼儿的某个情况进行文字描述的部分，如"本周教师观察记录""本周家长观察记录"等。教师和家长根据婴幼儿的情况做典型案例记录。

领域目标评定是家园共育档案中根据不同年龄段婴幼儿的活动特点和各个领域的发展目标列出记录项目，教师和家长根据婴幼儿的表现进行相关内容的评定。

（二）家园共育档案的重点内容

教师和家长可以根据婴幼儿的具体情况，观察记录婴幼儿行为发展的情况，并提出发展促进策略。例如，记录不同婴幼儿存在的语言发展问题，有的婴幼儿快3岁了，还未能说完整句，教师要对婴幼儿的语言问题重点记录并提出教育对策或家庭教育的建议等。教师和家长还要重点记录这些婴幼儿存在问题的变化情况。

婴幼儿的问题变化情况是重点记录的内容，若未发生太大变化，可不一一记录。但是，例如某婴幼儿本来每天都能独立进餐，突然连续几天都提出要教师帮助，对于婴幼儿的这种变化，教师就要记录在册，并记录下教育引导措施。同时，教师要及时和家长联系，了解婴幼儿出现该问题的原因，共商解决问题的对策。

三、家园共育档案的使用制度

（一）家园共育档案要教师、家长共同参与

家园双方都要认真填写家园共育档案，教师要善于指导家长填写家园共育档案。例如，要求家长真实记录婴幼儿在家的相关活动，如用餐情况、睡眠情况、排便情况、情绪变化等，不要刻意隐瞒孩子的问题，也不要因过于担心孩子的问题而过度渲染。

家长应对教师在家园共育档案中记录的现象、问题和建议作出反馈。家长也可以在家园共育档案中提出自己的教育困惑与需求，让家园共育档案发挥积极的作用。

（二）家园共育档案的填写要规范

家园共育档案的填写，要书写规范、字迹工整、排版有序，能真实、全面和准确地反映婴幼儿的情况和个性发展特征，描述客观，不带感情色彩，对婴幼儿的评价要以鼓励性语言为主。家园双方填写意见和建议时，都要以友好、平等、协商的态度来进行。

（三）家园共育档案的填写要具体

教师应将婴幼儿在托育机构的具体情况反馈给家长。家长对孩子在托育机构的表现很感兴趣，家园共育档案要能满足家长想要多了解孩子表现的需求。假如教师只是在家园共育档案上笼统地夸奖婴幼儿的表现，评价雷同而无针对性，这样的档案是无意义的。假如教师字字从婴幼儿出发，描述具体，有针对性，相信家长也一定会认真对待家园共育档案记录工作。例如教师 A 记录道："这两天孩子的进餐习惯不好，请家长与我们联系！"教师 B 记录道："您不觉得佳佳变得活泼了？现在她爱说爱笑，愿意与人交往，我们真为她感到高兴！可是这两天中午，她不愿吃菜，也不愿喝汤，只吃点米饭，我们有些担心，不知道孩子为什么这样。您能帮我们了解一下吗？"从两个教师的语言表述中可以看出，教师 A 的语言内容抽象、生硬；教师 B 先表扬孩子，再谈具体问题，对于孩子的变化和问题描述得十分具体，家长更容易接受并能意识到孩子存在的问题。

（四）家园共育档案的沟通要及时

教师平时要记录好婴幼儿在园的表现，在每日放学时与家长沟通交流，每周五将家园共育档案交给家长，填写婴幼儿在家的情况。家长根据家园共育档案的要求填写婴幼儿周末和上周在家的情况，周一送婴幼儿入园时再把家园共育档案交给教师。如有特殊需要，家园之间也可以随时通过家园共育档案交流。

🔗 案例分享

婴幼儿成长档案照片的采集与筛选

一、有意有心全面收集照片，保留孩子原始活动轨迹

照片的收集是一个很大的挑战，要做有心人，有意识地收集，要收集到整个主题活动和孩子有关的所有照片。例如主题活动《我是中国娃》，收集到了升旗仪式的照片，集体画长城的个别照、小组照、集体照，跳秧歌舞的个别照、小组照，唱歌颂祖国的儿歌的、国庆集会的集体照片。有了好的照片，才能对活动作出点评、说明，才能描述出整个活动中孩子的表现，做好情感评价，否则空口说白话，也无凭可说，呈现出来的画面也单调乏味，无法达到丰富多彩。

二、雕琢整理有序张贴照片，突显孩子参与活动的状态

完成照片的收集以后，我们就要对照片进行雕琢，就是用剪刀修剪。有的照片孩子偏在左边，就要把右边剪掉些，而且照片可以修成五星形、桃形，也可以是爱心形，尽量让孩子在中心的位置。小的照片可以组合成大的照片，可以铺贴，照片多的可以成册或叠加，有的还可以做成造型包起来。也有可能是一张大照片或集体照加上四周几张小照片，发挥想象吧！反正尽量把孩子突出在中心位置，要能看得出孩子原始的活动状态、表情，甚至心情。主题活动照片的顺序可以按照活动的进程来贴，一眼就可以看出主题发展的轨迹。比如亲子活动，可按照一日活动的时间顺序来张贴修剪好的照片，先是一张孩子与家长欢聚班级参加活动的照片，代表亲子活动，然后可以贴户外活动照片：早操、喝牛奶、两个老师分别给孩子们上课、孩子在课中的发言、实践操作、专注思考、区域游戏活动照片等。

四、职业规范与注意事项

1. 建立家园共育档案，设计调查问卷，了解家长对建立家园共育档案内容的建议，丰富档案内容。

2. 家园共育档案应由专人负责，管理要规范、到位，及时收集和整理婴幼儿的信息，做到完善齐全、合理分类，填写规范并及时整理、存档，不得遗失。

3. 加强技术防范措施，档案要经常通风，防潮、防蛀虫。

4. 每一次记录都要有确切的时间和地点，每一张照片都要有文字阐述，每一份成长档案都应是真实和具有特色的，每一份成长档案都要由婴幼儿、家长、教师共同来完成。

5. 在使用家园共育档案期间要注重交流互动，使档案真正成为家园交流的桥梁，发挥档案的实效性，帮助实现家园有效沟通。

════════ **步骤二　任务实训** ════════

一、任务分组

学生任务分配表

班级			组名		
组长		学号		指导教师	
组员					
姓名	学号	姓名	学号	姓名	学号
任务分工：					

二、设计家园共育档案

1. 收集信息：了解家园共育档案情况

收集方式：

调查内容：

收集结果：

2. 确定家园共育档案的内容

内容：

原因：

3. 设计家园共育档案

4. 家园共育档案样例（扫二维码观看参考案例）

家园共育档案
样例

续表

5. 制作《家园共育档案反馈评价表》（扫二维码观看参考案例）	 《家园共育档案 反馈评价表》

三、模拟组织实施

  请学习小组根据本组撰写的家园共育档案，收集家园共育档案的内容和形式，和团队共同完成家园共育档案的设计并模拟实施，分角色模拟组织完成家园共育档案的设计和绘制。

四、任务实施总结

1. 通过完成上述任务，你学到了哪些知识或技能？

2. 遇到的问题及解决措施

3. 个人体会

签名：

日期：　　年　月　日

五、拓展实践

以小组为单位，调查本地托育机构的家园共育档案情况，调查内容建议如下：

1. 该园所家园共育档案的内容有哪些？

2. 选择一个托班，尝试为其设计一份家园共育档案。

▰▰▰▰▰▰ 步骤三　思考提升 ▰▰▰▰▰▰

1. 家园共育档案的特点有哪些？
2. 家园共育档案的填写原则是什么？
3. 家园共育档案包括哪些方面？
4. 家园共育档案的设计过程中要注意什么？

▰▰▰▰▰▰ 步骤四　任务评价 ▰▰▰▰▰▰

评价内容	评价标准	分值	小组自评	他组评分	教师评分
家园共育档案的概念	能说出家园共育档案的概念	5			
家园共育档案的内容	能说出家园共育档案的内容	15			
家园共育档案的使用制度	能说出家园共育档案的使用制度	10			
家园共育档案的设计	家园共育档案的内容选定能体现家园共育的理念	5			
	家园共育档案各部分安排科学合理，能全面记录婴幼儿的生活和学习情况	5			
	家园共育档案体例设计完整	10			
	能仔细核对，避免设计流程出现错漏	5			
	能制作出有针对性的《家园共育档案反馈评价表》	10			
家园共育档案活动的实施	组内角色分工明确，展示完整流畅	5			
	家园关系、师幼关系平等和谐，环境与氛围轻松	10			
	能科学引导家长学会观察婴幼儿表现	5			
	能及时对婴幼儿的反应作出积极的回应与指导	5			
	能倾听家长的疑惑和意见，作出合理解释，达成教育共识	5			
	体现家园共育的理念	5			
总分		100			

◎ 任务三　成立家长委员会

■ 任务背景

　　橙汁宝贝托育机构托小 1 班开班了，你是托小 1 班的主班教师，现在需要成立家长委员会，你将组织本班的配班教师、保育员一起商量如何成立家长委员会。

　　要求：请你根据任务情境，收集成立家长委员会的方式等相关内容，和团队成员共同完成家长委员会的建立并模拟实施。

◢ 任务目标

　　1. 了解家长委员会的概念和组建流程。

　　2. 能制订家长委员会的建设方案。

　　3. 能模拟组织建设家长委员会，培养与家长沟通合作的能力。

✓ 任务实施

━━━━━━ 步骤一　知识梳理 ━━━━━━

一、家长委员会的概念

　　家长委员会是托育机构实现家园合作的重要机构，是家长参与托育机构管理与教育最常见的组织形式，也是托育机构与家庭之间、教师与家长之间联系的纽带、沟通的渠道。家长委员会是由家长代表组成的群众性自治组织，与托育机构沟通，关注婴幼儿的保育和教育。只有家长委员会与托育机构形成目标一致的合作伙伴关系，才能真正发挥推动托育机构教育改革、促进婴幼儿发展的作用。家长委员会代表全体家长参与托育机构的民主管理，支持和监督托育机构做好教育工作。

二、家长委员会的组建

（一）家长委员会的成员构成

　　家长委员会分园级家长委员会和班级家长委员会两种，家长委员会的成员由各班教师与家长民主推荐或自荐产生。其主要职能是：加强家园之间的信息联系，协调家园教育的一致性；动员和组织家长发挥各自的优势，开展各种配合托育机构保育和教育的活动；组织家长参与托育机构的评价和管理，提出意见和建议。

家长委员会对成员的要求是：重视托育机构教育、热心公益事业、有责任心、有集体意识、有一定的文化水平和组织能力。家长委员会成员数量视班级和托育机构的规模大小而定，一般情况下以 5～7 人为宜。人员过多会造成意见分散，不利于开展工作，人员过少则无法代表家长意见来开展工作。

家长委员会的产生一般有四种方式：以教师推荐为主；以家长选举为主；推荐与选举相结合；自荐与选举相结合。家长委员会成员需要花费一定的时间和精力承担与托育机构沟通、组织公益活动等职责，所以家长是否有时间和精力投入家长委员会是选举成员的重要依据。

（二）家长委员会的组建流程

1. 组建前

（1）选举前摸底调查

选举前应进行摸底调查，可仔细阅读新生报名表上家长的所有信息，将其分类并记录，梳理家长的职业、学历、工作单位、专长等情况，对每位家长的大致情况进行初步了解，为选举做好准备。

此外，也可通过电话沟通、微信聊天、家访等方式对家长是否适宜担任家长委员会成员作出判断，观察家长谈话时的修养、思路清晰度、观念先进性等，判断其性格、能力，初步判断其是否适合做家长委员会成员。如果合适，可直接邀请。此举也为避免出现无人报名的尴尬情况提早做准备。

（2）选举前开展动员

教师要在新生入园或新学期的第一次家长会上告诉家长，家长委员会的作用、任务及其成员的选举流程。

家长委员会的作用和任务是：作为托育机构与家庭联络的桥梁；协调家园矛盾；积极支持并协助托育机构工作；参与托育机构的评价和管理。

家长委员会成员的标准是：有责任心、正义感、公正感和集体意识；热心公益、愿意为大家服务；有一定的能力、时间和精力。

选举家长委员会成员的流程是：可通过家长自荐、互荐、教师推荐相结合的方式，最后由托育机构园长和主班教师聘任成为园级家长委员会成员和班级家长委员会成员。

2. 组建中

（1）宣读选举流程和要求

选举大会进行时，应该宣读家长委员会的选举流程和要求，在首届家长委员会临时建立后，要跟家长交代清楚，家长委员会成员有试用期，是临时和流动的，人人都可以申报，并要根据大家的工作情况和实际工作开展的效果进行考评。

（2）公平选举，艺术处理临场情况

公平选举，选票上的候选人名单以姓氏笔画为序排列，选票须当场投入到投票箱中。选举人对候选人可以投赞成票，可以投反对票，可以投弃权票，也可以另选他人。当场唱票，公布选举结果。自愿报名会出现各种情况，例如，有很多家长报名参加家长委员会，人数远超过了成员名额，此时教师不能打击他们的积极性，可提出委员会为轮换制，大家都有机会参与家长委员会的工作。同时，在未来和家长相处中，教师要仔细观察现有的家长委员会成员情况以及其他家长的性格、能力等情况，为之后的选举提前做准备。

3. 组建后

（1）公示家长委员会的工作职责

为了保证家长委员会的工作顺利开展，可通过班级橱窗、班群公告等方式公示家长委员会的工作职责，帮助家长委员会成员进一步明确和熟悉自己的职责，以便更好地主动配合和协助教师开展工作，同时也起到监督作用。

（2）公示家长委员会成员名单和联系方式

由于家长工作的性质和家庭结构各不相同，为了让所有人员都能认识和记住家长委员会成员，教师要将各成员的职责、照片、姓名和联系方式长期公示在班级橱窗内，便于所有的家长和其他班级的家长认识和记住他们，有困难和疑问能求助他们，同时也可提醒家长委员会成员履行工作职责。

（三）家长委员会的成员管理

家长委员会负责人称为会长或主任，另外可设副主任 2 名，组成主任委员会。根据工作需要，家长委员会履行各种任务，如负责园所、班级的宣传报道工作，负责动员家长资源、组织家长参与托育机构的活动，负责家长之间、家园之间矛盾的调解与处理，布置托育机构环境等。

家长委员会实行动态管理，每年换届一次，换届时间一般在每年 9 月份。成员并非一成不变，如婴幼儿离园、家长委员会成员不作为，或者成员因其他事务太忙而无法顾及家长委员会的工作，就需要作适当人员调整，以免耽误家长委员会开展工作。

为了使托育机构的家长委员会工作更加全面充实，托育机构需聘请专家做工作指导和素质培训，包括理论学习和具体运作培训，提升家长委员会的工作效率。

三、家长委员会的工作制度

家长委员会的工作制度以切实加强学校教育与家庭教育、社会教育相结合为目的，要做到规范化、科学化、制度化。家长委员会要定期开设课程、开展活动。家长委员会要及时向学校反馈家长的意见和建议，学校对家长提出的意见及问题要给予解决，每学期做好家庭教育经验交流工作，并及时总结。家长委员会制度的建立十分必要，制度可以让家长委员会规范运作，也能形成更适宜的家园共育氛围。

案例分享

南京托育机构家长委员会章程

第一章　总则

第一条　南京托育机构家长委员会（以下简称"家委会"）是由各班家长代表组成的群众性组织。家委会在园长的指导下开展工作。

第二条　家委会的主要任务

帮助家长了解托育机构的工作计划与要求，协助托育机构工作的开展，及时反映家长对托育机构工作的意见和建议，协助托育机构组织交流家庭教育的经验。

第三条　家委会的具体工作

1. 协助托育机构顺利完成保教工作，参与教育管理的重大决策讨论。

2. 注重提高全体家长的家庭教育水平，动员家长积极学习科学的育儿知识，并与班级教师配合，共同提高科学育儿的质量。组织家长之间的经验交流活动，热情为全体家长服务，指导家长开展各项科学育儿的活动。

3. 听取、联系、反映家长所关心的问题，如师德、保教水平、教育质量、婴幼儿发展水平等，对信息进行归纳、统计、分析，采取口头交流、书面建议、发电子邮件等多种形式，将急需解决的问题、意见提供给园领导和教师，促进托育机构各项工作的改进和提高。

第二章　机构组成及职责

第四条　家委会组成及职责

1. 家委会成员由家长个人申报，教师和家长推荐产生（一般为每班3人），家委会成员应具备以下条件。

（1）具有较高的文化修养和素质；

（2）热爱幼教事业；

（3）愿意为家长服务；

（4）有一定的组织能力和群众基础；

（5）具有积极参与、乐于奉献的精神。

2. 家委会选举主任1名，副主任2名，组成主任委员会，原则上每个年级推荐1位家长代表组成。其主要职责如下。

（1）及时与园长沟通工作信息，共同研究解决每学期需要重点解决的问题，促进家长与托育机构之间的配合与理解；

（2）每学期与园方共同召开家委会全体会议；

（3）支持家委会的日常工作；

（4）完成其他有关工作。

第五条　家委会每年换届一次，换届时间一般在每年9月份。

第三章　评比表彰先进

第六条　家委会积极参与、配合托育机构每年在六一国际儿童节前夕开展的评比活动，对家长工作成绩显著的班级及家长，在六一国际儿童节时隆重表彰，予以鼓励。

第七条　家长工作先进班组评比的条件如下。

1. 班级家园联谊、亲子活动、育儿经验交流多，效果好；

2. 家长积极介入托育机构的教育教学，为班级教育提供良好资源；

3. 积极参加托育机构的大型活动，支持托育机构的各项活动；

4. 家长之间相互团结，遇到问题能用理性的方式解决。

第八条　优秀家长的评选一般由各班家委会成员与教师共同讨论推荐，上报园长后，通过园家委会讨论决定。优秀家长的评选条件如下。

1. 热心为家长和班级服务，勇于付出自己的精力、时间；

2. 积极配合托育机构的教育教学活动，有关心班级教育活动的突出事例；

3. 有较丰富的育儿经验。

第四章　经费

第九条　班级家委会可以根据班级的活动成本，在得到园家委会的许可后，按活动的实际需要向本班家长收取一定的活动经费，也可预收一定的活动经费，以便有效地开展班级内的各项活动。无论何种收费方式，都要向家长解释说明经费的用途和使用计划。收费及经费开支须专人专办、专人专管，必要时向家长公布，并将开支明细存档保留。

第十条　由家委会组织的各项联谊、竞赛、评比等社会性活动，其经费由家委会通过收费方式解决。

第十一条　家长在开展各项活动时，力求做到精打细算，提倡勤俭节约，反对浪费。

笔记栏

第五章　附则

第十二条　本章程自家委会会议通过之日起执行。

第十三条　本章程可视情况由家委会会议进行修改补充。

第十四条　本章程的解释权在家委会。

四、职业规范与注意事项

1. 建立家长委员会，可以下发调查问卷，了解家长对家长委员会的建议和困惑，热情邀请家长参与家长委员会的选举。

2. 家长委员会成员的选举应按照民主程序，遵循自愿原则，公平、公正、公开开展选举工作。

3. 在成立家长委员会时，要鼓励家长积极参与家长委员会成立的全过程。家长委员会的成员由个别家长担任，起到牵头组织活动的作用。应灵活分配岗位，不同的家长、不同的岗位分别负责不同的任务。

4. 制订家长委员会成立大会活动方案时要全面考虑，仔细核对，避免活动流程与内容出现错漏。

5. 成立家长委员会后，应开放意见收集平台，教师有意识地请家长提出合理的看法和建议，使家长委员会越办越好。

=== 步骤二　任务实训 ===

一、任务分组

学生任务分配表

班级			组名		
组长		学号		指导教师	
组员					
姓名	学号	姓名	学号	姓名	学号
任务分工：					

二、设计家长委员会组建方案

1. 收集信息：了解家长委员会的组建情况

收集方式：

调查内容：

收集结果：

2. 确定家长委员会的组建形式

形式：

原因：

3. 绘制家长委员会组建流程图

续表

4. 撰写家长委员会组建方案（扫二维码观看参考案例）	家长委员会组建方案
5. 制作《家长委员会反馈意见表》（扫二维码观看参考案例）	《家长委员会反馈意见表》

三、模拟组织实施

请学习小组根据本组撰写的家长委员会组建方案，参照家长委员会组建实施流程图，分角色模拟完成橙汁宝贝托育机构托小 1 班家长委员会的组建。

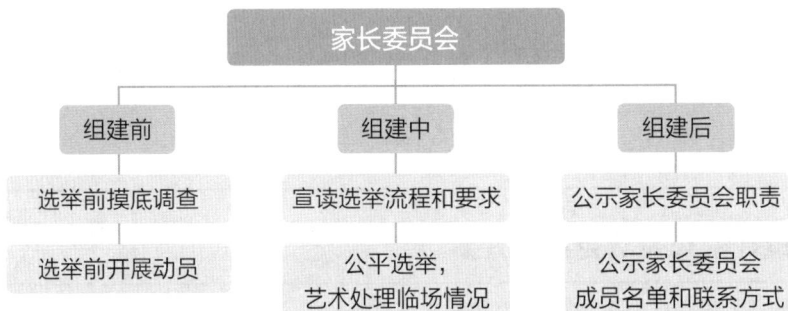

家长委员会

组建前	组建中	组建后
选举前摸底调查	宣读选举流程和要求	公示家长委员会职责
选举前开展动员	公平选举，艺术处理临场情况	公示家长委员会成员名单和联系方式

四、任务实施总结

1. 通过完成上述任务，你学到了哪些知识或技能？

2. 遇到的问题及解决措施

3. 个人体会

签名：

日期：　　年　月　日

五、拓展实践

以小组为单位，调查本地托育机构的家长委员会组建情况，调查内容建议如下：

1. 该园所家长委员会组建的流程是什么？

2. 选择一个托班，尝试为其设计一份家长委员会组建方案。

<hr>

步骤三   思考提升

1. 家长委员会的概念是什么？
2. 家长委员会的组建流程是什么？
3. 成立家长委员会应注意哪些方面？
4. 家长委员会的重要性体现在哪些方面？

步骤四   任务评价

评价内容	评价标准	分值	小组自评	他组评分	教师评分
家长委员会的含义与重要性	能说出家长委员会的含义	5			
	能说出家长委员会的重要性	5			
家长委员会的成员构成	能说出家长委员会成员构成的要求	10			
家长委员会的组建	能说出家长委员会的组建流程	10			
家长委员会组建方案的设计	家长委员会的组建能体现规范化、科学化、制度化	10			
	家长委员会组建方案体例设计完整	10			
	能仔细核对，避免方案流程出现错漏	5			
	能制作出有针对性的《家长委员会反馈意见表》	10			
家长委员会组建的实施	组内角色分工明确，展示完整流畅	5			
	家园关系、师幼关系平等和谐，环境与氛围轻松	10			
	能科学引导家长积极参与家长委员会的选举	5			
	能及时对家长的反应作出积极的回应与处理	5			
	能倾听家长的疑惑和意见，作出合理解释，达成教育共识	5			
	体现家园共育的理念	5			
总分		100			

笔记栏

任务四　召开家长会

任务背景

近日橙汁宝贝托育机构将召开新入园家长会，你是托小 1 班的主班教师，现在需要和本班的配班老师、保育员共同制订家长会活动方案，并组织召开家长会。

要求：请你根据任务情境，收集家长会的内容与形式等相关内容，和团队成员共同制订家长会活动方案并模拟实施。

任务目标

1. 能说出家长会的含义与作用、形式与内容。
2. 能制订家长会活动方案。
3. 能合理分工，组织召开家长会。

任务实施

步骤一　知识梳理

一、家长会的含义与作用

（一）家长会的含义

家长会是由托育机构或教师发起的，以教师和家长的互动交流或以专家、教师的专题讲座为主的会议或活动。家长会是托育机构常规家长工作的重要方式之一，其主体是家长。家长会是教师与家长沟通交流效率最高的方式，能在短时间内让家长了解教师的教育理念、教育目标、教育方法等，使家长产生认同感、信任感，进而产生尊重感，从而配合主动、互动积极、合作愉快。教师要注意充分发挥家长会的交流沟通功能，做好充分准备，为托育机构及班级学期工作的开展奠定扎实有效的基础。

（二）家长会的作用

家园沟通的方式和途径有很多，如线上联系、晨间接待、离园谈话等，但通过家长会进行面对面的交流无疑是家园沟通最有效的方式之一。开好家长会，有助于在托育机构和家庭之间建立理解、信任、目标一致的合作关系。

1. 促进婴幼儿发展

家长会最重要的环节便是教师和家长进行有效的交流和沟通。沟通不仅是教师所需要具备的基本能力，同时，有效的沟通也需要家长进行相应的配合。良好的家园沟通关系能够促进婴幼儿身心发展水平的提升。从婴幼儿主体的发展视角看，家园沟通是提高婴幼儿身心发展水平的一项不可小觑的工作，通过家长会的沟通环节，家长将在家庭生活中所观察到的婴幼儿活动情况反馈给教师，再从教师方面了解婴幼儿在园时的发展状况，有助于教师和家长双方根据目前婴幼儿所处的发展阶段实施相应的教育策略。

2. 优化家庭教育

家长会的召开，也是教师向家长宣传正确教育理念的重要契机。托育机构教师作为婴幼儿托育行业的从业者，是拥有科学教育理念和优秀育儿经验的专业人才，在教学中，除了教好婴幼儿外，更应该将科学的教育理念传递给家长，并帮助家长理解，培养家长科学、先进的育儿观念。教师在传递科学教育理念的同时，也需要纠正家长在教育策略上的一些错误理解与行为误区，培养家长尊重婴幼儿的发展特点的意识，通过展示正确、适宜的教育教学活动，引导家长在家庭教育中采取符合婴幼儿身心发展阶段的活动内容和游戏方法，循序渐进地开展家庭教育活动，优化家庭教育的实施。

3. 提升教师能力

一直以来，家园合作都是教育事业发展的重点，家长会作为家园沟通的桥梁之一，是向家长展示托育机构教育和生活的重要途径。为了通过家长会达成良好有效的家园沟通，教师需要准确把握家长会的目标主体——家长的特点及其需求，充分调查家长的教育观念、职业专长、兴趣爱好和学习类型，根据本班家长的实际情况进行家长会的方案设计和组织实施。组织召开科学有效的家长会，离不开教师的教育能力、沟通能力和组织能力，每一次家长会的组织都是锻炼教师专业素养和自身综合能力的过程。

二、家长会的形式与内容

家长会的目的在于加强教师与家长的沟通，让托育机构教育与家庭教育互相促进。因此，家长会的召开形式以及内容应具有灵活性、科学性和参与性，教师应根据托育机构的班级分布、婴幼儿所处的年龄阶段、婴幼儿发展水平等因素，选择适宜的家长会形式和内容。同时，要让家长充分地参与其中，全面了解婴幼儿在园的活动内容、托育机构的教育理念等，进一步加强托育机构与家长的沟通与协作，为婴幼儿创建更为良性、和谐的成长环境。

（一）家长会的形式

家长会是托育机构对家长集体指导的一种重要形式。从时间上看，可以在学期初、学期中和学期末召开，也可根据需要临时召开；从规模上分，有全园家长会、年级家长会、班级家长会、小组家长会；按参会对象可分为父亲家长会、新生家长会、毕业班家长会等。家长会的优势在于几乎所有的家长都能集中在一起共享信息，共商教育，是一种经济、高效的家长工作形式。

1. 全园家长会

全园家长会一般在新生入园后或学期初召开。主讲人一般为园长或业务园长，重点向家长介绍托育机构的设施、办园理念、办园特色、家长配合工作内容及托育机构的教育目标、婴幼儿在园一日活动的内容、作息时间等，从而加深家长对托育机构工作的认识，增进托育机构的可信度，也让家长明确了解婴幼儿入园后的情况，使其能更好地配合托育机构的工作实施，为婴幼儿入园做好充分的心理准备。

2. 班级家长会

班级家长会较全园家长会更具有针对性，因为它是本班教师和家长的直接互动交流，共同研讨婴幼儿的照护以及教育问题。班级家长会的形式可多种多样、注重实效，如陈设一些婴幼儿作品、婴幼儿成长档案、活动设计方案和教师关于主题活动的记录等。这样，家长可以通过翻阅相关材料，了解婴幼儿在园的一日情况以及教师的教学安排，从而帮助家长理解婴幼儿自身的特点以及运用教育理念。

（二）家长会的内容

1. 园内情况分析

对托育机构的环境、师资、工作不了解，是家长对托育机构产生疑问，从而配合度不高的原因之一。家园之间的信息传递不充分和不完整，会造成家长对托育机构产生不信任的心理。教师应该及时通过家长会向家长展示、分析托育机构各方面的具体情况，这也是家长工作的重要一环。

园内情况可以分为环境、师资、教育工作三方面，要以简单明了的形式向家长进行讲解。环境方面主要包括托育机构的整体环境（户外活动区域、活动室区域、主题活动室区域等）和班级环境（班级活动室区域分配、生活空间和睡眠空间分配等）；师资方面主要包括托育机构的管理人员、主班教师、配班教师、保育员等；教育工作方面主要包括托育机构的教育理念、教育方式、本学年教育任务、常规工作安排等。充分了解托育机构的各方面情况，给予托育机构更多的支持，促进家长和托育机构进行良好沟通，才能有助于家园更好地合作。

2. 信息和情感交流

家园之间进行信息和情感交流，是托育机构家长工作的重要部分，也是家长会中最需要关注的环节之一。托育机构和家庭是两个与婴幼儿发展关系最为密切的环境。这两个环境彼此是相对独立的，除了积极进行沟通之外，家长和教师彼此都很难单方面地了解到婴幼儿在另一个环境中的生活情况。托育机构的家长工作就是要架起家园双方沟通和交流的桥梁，让家园双方增加信息和情感交流，从而实现对婴幼儿较为全面的了解，在教育活动中实现合作。

托育机构要及时、主动地向家长汇报托育机构的教育、教学要求和内容（一日常规、每周活动主题、每月活动主题、特色活动等），汇报婴幼儿在托育机构的生活、活动情况（活动流程、活动作品、活动成果等）。在家长会召开的时间和条件允许的情况下，可根据本班每个婴幼儿的不同情况（性格特点、生活习惯、发展水平等）进行单独汇报。同时，托育机构也要鼓励家长向托育机构反馈婴幼儿的家庭生活情况，了解家长的教育价值观倾向和教养行为特点，并及时交流彼此的教养心得。

3. 家长学习交流

若家庭教育和婴幼儿教育不能保持同步，家长缺乏良好的生活习惯和科学的育儿观念，会给托育机构教育带来消极影响，不利于建设良好的成长环境。不少家长由于较少了解科学的家庭教育知识，所使用的教育观念、教育方法与婴幼儿目前的身心发展水平不适应。托育机构家长工作的一项重要内容就是通过召开家长会，改变家庭教育的自发性、盲目性格局，增强家庭教育的科学性和有效性。

托育机构要采取有力的措施，为家长提供学习与交流的平台，让家长参与学习活动，也让托育机构和家长之间、家长和家长之间有更多、更深入的互动和交流。托育机构除了利用传统的家长学校、家长沙龙等模式来促进家长的学习交流之外，还可以利用网络平台进行交流，利用微信公众平台、校讯通等新型公共交流平台进行家庭教育知识的传播。

三、家长会的组织策略

（一）活动的准备

1. 邀请函和调查表的准备

邀请函和调查表是教师在组织家长会前需要准备的重要内容。最好在家长会的前一周就给家长发出正式的邀请。邀请函应包括家长会的时间、地点、时长、会议主题、温馨提示等内容，便于家长提前做好安排，保证开会的出勤率和效率。在给家长发放邀请函时，可以附带一份调查表，了解家长群体在家长会上想反映的情况、想解决的问题、想学习的知识等。教师及时将调查结果进行小结，统计出调查表中体现出来的相对集中的问题，以便在家长会中进行解答或研讨，这样有助于教师在家长会前做好充分准备，以达到家长会满足家长之所需、增强家长参与家长会的积极性的目的。

2. 环境的准备

环境的准备对于家长会的成效起着很重要的作用。家长会最好选择在活动室召开，因为活动室是婴幼儿每天进行活动的最主要的空间，能让家长最直接地了解婴幼儿所处的活动环境。教师应重视发挥环境这一教育资源的潜在价值，合理创设与利用托育机构的各种环境，充分利用每一次家长会，通过活动室内的主题墙和活动区向家长展示每个婴幼儿的作品、成长足迹、活动参与过程等。尤其可以重点展示婴幼儿与家长合作完成的作品，让家长有参与感和体验感，提高家长参与托育机构建设的积极性，在日后需要家长参与活动或建设时，使其能更积极主动地提供帮助，为班级开展活动服务。

3. 内容的准备

内容的准备是家长会最重要的部分。学期初的家长会一般包括以下几方面内容：上学期精彩回顾，班级内婴幼儿的进步、存在的问题，本学期的发展目标、工作重点，安全教育，需要家长配合的事项，家长关注的共性教育问题讨论及解答等。教师在会议内容的准备中，应尽量多准备一些婴幼儿在园生活、学习的照片和视频，如婴幼儿吃饭、喝水、洗手、午睡、户外活动等生活方面的照片，集体教育活动、区域活动、表演活动、节庆活动的视频等，重点选择能突出反映婴幼儿进步的内容，让家长充分了解托育机构的活动内容和教育理念，从而对托育机构的教育工作产生信任感。

4. 人员的准备

人员的准备也是家长会准备工作的重要部分。若条件允许，可以邀请专家型的园领导到会对一些园内工作进行介绍，或讲解教育知识理念，让家长在感受到关注、重视的同时，也能通过家长会学习到科学、实际的专业教育知识，使家长提升对托育机构师资和管理专业程度的信心，增强家长对班级教师的信任感。人员的准备还包括部分家长的准备。一般情况下，在家长会上，教师会给家长提供一个经验交流的平台，在提前征求同意的情况下，可以请一些具有较好育儿经验的家长做好发言和交流经验的准备。

（二）活动的组织

1. 全面展示婴幼儿发展水平

教师要充分利用家长会，让家长了解到婴幼儿在园的发展状况，包括婴幼儿的一日生活情况和参与教育活动情况。要依托《托育机构保育指导大纲（试行）》中对营养与喂养、睡眠、生活与卫生习惯、动作、语言、认知、情感与社会性等领域的婴幼儿照护与教育的目标与要求，以简洁明了和通俗易懂的方式直观地展示给家长。

2. 合理运用家园沟通技巧

为了提高家长对托育机构工作的配合程度以及对托育机构传递信息的接受程度，在家长会上，教师应尽量多用鼓励和表扬的方式传达婴幼儿目前的发展状况。在汇报婴幼儿目前在园内参与活动的情况时，都要以突出婴幼儿的进步为主，以分析婴幼儿存在的问题与不足为辅。在向家长展示婴幼儿的进步时，要让家长看到孩子以前处于什么水平、现在处于什么水平、今后还能达到什么水平，如何努力、如何配合等，给家长提供行之有效的策略和建议。当然，也要花小部分时间让家长看到孩子的不足与存在的问题，以及教师在今后针对这些问题将如何开展教育工作等，同时也要向家长提出家庭教育的建议，实现家园共育。

3.关注家长的实际需求

教师要明确家长会的主要对象是家长，教师充当的角色应该是一个引导者、组织者。在家长会召开前，教师应根据收集的调查表反馈结果，了解家长的实际需求，关注家长想要在家长会中了解一些什么内容、获得哪些方面的信息，从而制订家长会活动方案。在家长会进行中，要着重强调家长们普遍关心的问题或信息，做到重点突出、有详有略。

（三）活动的后期

为了提升家长对托育机构教育工作的参与程度，家长会结束后，教师应建议家长与孩子就家长会内容进行交流，在家庭中与其他家庭成员分享会上传达的教育理念，分析孩子身上存在的问题并提出解决方法等。教师应开放家长会评价和反馈的渠道，鼓励家长对家长会进行评价，提出建议，并对家长的建议及时作出反馈，这样有利于家长支持托育机构的工作，促进家园交流与合作。

> **案例分享**
>
> 奶奶的怒火
>
> 　　一天，托育机构的二楼突然传来一阵喧闹声，原来是托中1班庆庆的奶奶站在班级门口，指着老师的鼻子吵闹："我家孩子到托育机构不是来做劳工受虐待的，其他小朋友都在玩，只有我家孩子在干活，你们的良心坏了呀！"李老师含着泪和奶奶解释："庆庆是在做小小值日生，每个小朋友都要轮着做。"可是奶奶听不进去，她气愤地来到园长办公室，大声地喊道："气死我了，园长，今天你必须把李老师给我换掉，我家孩子在班里受虐待了。"奶奶边说边哭，园长请她坐下慢慢说。原来庆庆的奶奶今天送孩子入园后，又返回来给孩子送鞋子，正好看到庆庆在分发餐具，还拿扫帚扫地。这还了得？庆庆在家里被当成宝贝一样地照顾，到了托育机构竟然干起活来了，这不是老师体罚孩子吗？庆庆的奶奶实在是气不过了，就大声地质问起来。
>
> 　　听了奶奶的述说，园长表示理解，并耐心地安抚她。待她情绪稳定后，园长对庆庆"干活"的事情进行了详尽的解释："这是孩子的一种学习方式，庆庆是在做值日生，这是托育机构社会领域教育中的一个活动，每一位小朋友都要轮流做值日生。婴幼儿在劳动中能获得自我服务和服务他人的能力，并形成良好的品质，到了大班，小朋友还要

"扫地拖地、浇花种树呢。"奶奶听了园长的解释，态度有了些缓和："那我再观察观察，看看是不是像您说的那样。"

事情发生后，园长找来李老师一起分析"奶奶的怒火"因何而来。原来是家长不了解托育机构的课程，不清楚婴幼儿做值日生也是课程内容之一，因此产生了误会。园长建议李老师利用家长会向全班婴幼儿家长解读托育机构的课程设置、内容及目标，让家长了解托育机构的课程理念，转变教育观念，更好地与托育机构形成教育合力。

在精心准备后，托中1班召开了学期中家长会，就"小小值日生"活动展开了以"在劳动中孩子学会了什么"为专题的家长会。带着家长的疑问和困惑，李老师解读了托育机构的教育理念，家长们了解到婴幼儿的社会性是在日常生活和游戏中通过观察与模仿学习发展起来的，我们应当鼓励婴幼儿尝试参加自我服务和服务他人的劳动，他们会在劳动中建立自信，并通过努力获得成就感。家长会设置了问答环节，家长们认真地倾听、用心地记录、积极地互动，把自己的困惑和问题一一提出来，得到了园长和教师的有效回应，在讨论中很好地解决了家长对婴幼儿教育的认识误区。

通过家长会，教师将托育机构全新的教育理念渗透给家长，双方达成了共识，教育和管理婴幼儿的目标达成了一致。

案例中的奶奶对庆庆"干活"产生了误解，情绪激动以致大吵大闹，这个时候不是沟通的最佳时机，此时李老师的任何解释都是无意义的。而园长亲切的态度和耐心的安抚让奶奶平静下来，能够听得进解释，误解慢慢消除。我们不要害怕产生误解，有时它会成为改善家园关系的契机。案例中的奶奶在误解消除后，带着自己亲手做的寿司向园长和李老师诚恳地道歉，也拉近了家园间的距离。

案例中的园长非常有智慧，她善于倾听和理解，首先了解家长在哪方面产生了误解，之后和教师一起客观地分析误解产生的原因，并作出准确的判断，最后找到处理问题的有效途径，利用家长会来解读托育机构的课程，使家长的教育观念与托育机构达成一致，共同促进婴幼儿的健康发展。

四、职业规范与注意事项

1. 家长会的形式与内容应贯穿体现家园共育的理念。

2. 在家长会的活动设计中，应根据会前收集的问卷信息，充分考虑家长的切实需求。

3. 制订家长会活动方案时要全面考虑，仔细核对，避免活动流程与内容出现错漏。

4. 家长会前，教师要做好准备工作并模拟流程，以专业、谨慎的态度组织会议，使用简明扼要、通俗易懂的语言给家长传递信息。

5. 家长会后，教师应有意识地请家长提出合理的看法和建议，同时关心家长，解决疑难问题，使托育机构的家长会成为家园共育的有效沟通渠道。

步骤二　任务实训

一、任务分组

学生任务分配表

班级			组名			
组长		学号		指导教师		
组员						
姓名	学号	姓名	学号	姓名	学号	
任务分工：						

二、设计家长会活动方案

1. 收集信息：了解本班家长情况

收集方式：

调查内容：

收集结果：

2. 确定合适的家长会形式

形式：

原因：

3. 绘制家长会流程图

4. 撰写家长会活动方案（扫二维码观看参考案例）	家长会活动方案
5. 制作《家长会反馈意见表》（扫二维码观看参考案例）	《家长会反馈意见表》

三、模拟组织实施

　　请学习小组根据本组撰写的家长会活动方案，参照家长会活动组织实施流程图，分角色模拟组织实施橙汁宝贝托育机构托小 1 班的新入园家长会。

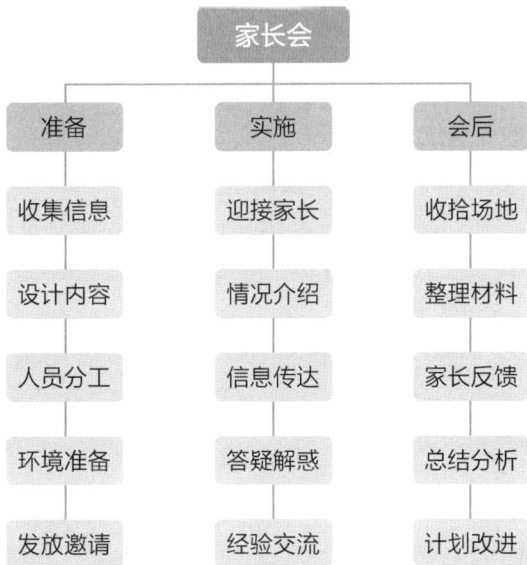

```
                      家长会
        ┌──────────────┼──────────────┐
       准备            实施            会后
      收集信息        迎接家长        收拾场地
      设计内容        情况介绍        整理材料
      人员分工        信息传达        家长反馈
      环境准备        答疑解惑        总结分析
      发放邀请        经验交流        计划改进
```

四、任务实施总结

1. 通过完成上述任务，你学到了哪些知识或技能？

2. 遇到的问题及解决措施

续表

3. 个人体会
签名： 日期：　　年　月　日

五、拓展实践

以小组为单位，调查本地托育机构开家长会的工作情况，调查内容建议如下：

1. 该园所家长会的活动形式与内容有哪些？

2. 选择一个托班，尝试为其设计一份新入园家长会活动方案。

=== 步骤三　思考提升 ===

1. 家长会的形式有哪些？

2. 召开家长会的目的是什么？

3. 家长会的内容如何确定？

4. 家长会的召开过程中需要注意什么？

=== 步骤四　任务评价 ===

评价内容	评价标准	分值	小组自评	他组评分	教师评分
家长会的含义与作用	能说出家长会的含义	5			
	能说出家长会的作用	5			
家长会的形式与内容	能说出家长会的形式	5			
	能说出家长会的内容	5			
家长会的组织策略	能说出家长会的组织策略	10			
家长会的流程设计	家长会的内容选定能体现家园共育的理念	5			
	家长会的场地、时间安排科学合理，能让家长有充分的参与感	5			
	家长会活动方案体例设计完整	10			
	能仔细核对，避免活动流程出现错漏	5			
	能制作出有针对性的《家长会反馈意见表》	10			

评价内容	评价标准	分值	小组自评	他组评分	教师评分
家长会的召开	组内角色分工明确，展示完整流畅	5			
	教师与家长沟通愉快，环境与氛围轻松	10			
	能科学引导家长观察婴幼儿的在园表现	5			
	能给家长传递专业、科学的家庭教育知识	5			
	能倾听家长的疑惑和意见，作出合理解释，达成教育共识	5			
	体现家园共育的理念	5			
总分		100			

◖ 任务五　家访与日常接待

■ 任务背景

冲冲在户外活动中玩大型机械时没有抓牢栏杆，胳膊摔破了皮。教师虽然马上带他去医务室做了相应的处理，但是其伤口还是红肿并渗出了血。当下午爸爸来接冲冲时，看到孩子出现这样的伤口，脸色很不好，没有听教师的一句解释就转身领着孩子走了。

要求：请你根据任务情境，以解决冲冲在园受伤问题为主要目的，设计一份家访与日常接待的方案。

◀ 任务目标

1. 了解家访与日常接待的含义与作用。
2. 了解家访与日常接待的常见形式。
3. 能合理分工，组织开展家访与日常接待。

⊘ 任务实施

====== 步骤一　知识梳理 ======

一、家访与日常接待的含义与作用

（一）家访的含义与作用

1. 家访的含义

家访是家庭访问的简称，是进行个别家庭教育指导的一种常用的有效方式，主要用于解决个别婴幼儿的家庭教育问题。家访是最有针对性的家长工作形式，是教师与家长、教师与婴幼儿之间有效沟通的桥梁。教师走进婴幼儿家庭，具体全面地了解婴幼儿在家的情况，以便在托育机构工作中因材施教。

2. 家访的作用

家访时教师与家长进行深度交流，可以让家长知晓婴幼儿在园的表现，更好地配合教师工作，也便于教师有针对性地开展育儿指导工作。家访既是托育机构教育的延伸，又是家庭教育的补充。通过家访，教师和家长可以共同分析婴幼儿的具体情况，共同商讨教育对策。在每一个婴幼儿享受托育机构给予的教育和关爱的同时，教师可以耐心地倾听家长对园所工作的反馈和建议，取得家长对托育机构和教师的理解与支持，加深教师与家长的感情。每一个婴幼儿的成长都离不开"家庭、托育机构、社会"三位一体的教育网络，三者缺一不可。

（二）日常接待的含义与作用

1. 日常接待的含义

日常接待是托育机构安排专门的时间和场所，由托育机构的领导和教师接待婴幼儿家长的家园合作活动，是和家长近距离交流的一种家园合作形式。所谓约谈，就是教师和家长约定时间见面交流的家园合作方式。约谈可以由教师发起，也可以是家长主动约见教师。约谈安排可以是约谈一个婴幼儿的家长，也可以是约谈几个情况相似的家长，以解决同质的问题，提高约谈的效率。

托育机构会安排固定的家长接待时间，也会根据需要灵活安排接待时间。常见的接待是利用接送婴幼儿的时间以及专门的"接待日"活动，安排根据需要进行，时间比较灵活。教师直接与家长进行对话，将当日婴幼儿在园的情况传达给家长，节约了时间，会使问题的反映与解决更加方便快捷。

2. 日常接待的作用

每天入园接待的沟通中，教师可以向家长了解孩子前一天在家时有什么特殊情况，有没有需要注意的事项；在傍晚离园沟通时，教师向家长介绍婴幼儿一天的生活和学习情况，有无异常行为等。针对个体需求，还可以单独沟通和持续追踪，如有特殊情况，教师可以及时把婴幼儿的表现传达给家长，并适时给予指导。利用日常沟通，家长也可以积极反馈在教师给予指导后问题解决的情况。

二、家访与日常接待的内容与形式

（一）家访的内容与形式

1. 交流婴幼儿的行为表现

对于家长们来说，他们最关心的是婴幼儿在园的基本情况，这是婴幼儿脱离家长视线的另一个社会生活圈，家长们迫切地想要知道自己孩子的发展水平。因此，教师在家访时必不可少地要和家长谈论婴幼儿在园、在家的行为表现。比如，"您的孩子在托育机构日常生活中不太积极""在集体活动中从来不主动举手""区域活动时从来不主动进入一些社会性区域，只是默默地在阅读区看书"等。而家长反映的也许是孩子的另一面，比如，"孩子很喜欢与别人交流""能主动地与来家里的客人交谈，并主动拿出自己的玩具和客人一起玩"等。

婴幼儿在园和在家可能会出现不同的行为表现，有些问题可能是婴幼儿在家里没有表现出来的，但却在托育机构的集体生活中反映出来了；也可能在家里就已经有所反映，但是并没有引起家长的注意。无论是婴幼儿行为好的方面还是不足的方面，教师都应该真实地反映给家长，让家长看到自己孩子的闪光点和不足之处，并且采取相应的教育策略。

2. 了解托育机构的日常活动

家长虽然通过家长会、班级黑板报等形式能够了解到托育机构的一些教育理念和活动，但是为了能够让家长更加理解并支持托育机构的工作，在家访的过程中，教师还要向家长介绍托育机构的办园理念及教育方法，让家长对托育机构的全面工作有一个较为系统的认识，这样才能真正做到家园配合的默契化。

3. 突发性问题的解决

托育机构的各项工作相对于其他职业来说更加琐碎、繁杂，虽然教师都希望班级的每个婴幼儿能高高兴兴地来、平平安安地回家，但是意外往往在不经意间就发生了。当出现突发事件，如婴幼儿在园期间受伤、与同伴产生了纠纷等情况时，教师应根据个体差异及时开展家访，向家长解释说明问题发生的原因，给家长传达教育指导意见，与家长开展家园合作共育，以帮助解决突发性问题。如果教师不能在产生突发状况后，第一时间很好地与家长进行沟通，那么很可能会引起家长对教师的误会，而使家园关系恶化。因此，在关键时刻采取家访的行动，是教师的明智选择。

（二）日常接待的内容与形式

托育机构一般设有专门的"家长接待室"，在婴幼儿入园和离园等固定的时间段，托育机构会安排专人接待家长来访。家长如果是在托育机构安排的"家长接待日"来托育机构，一般不需要预约。如果是针对某一个部门的工作，需要指定的人员来接待，家长最好先和托育机构预约，以免到时候找不到相关的负责人，影响交流和问题的解决。

1. 家长接送婴幼儿时的接待

很多家长都喜欢利用接送婴幼儿的时间和教师沟通，了解情况，交流想法，尤其是在放学接婴幼儿离园时。托育机构最好能设立专门的"家长接待室"，做好这个时间段的家长接待工作。

"家长接待室"除了要安排各个年龄段的教师值班，还要有托育机构的行政人员参与，以帮助解决有关托育机构管理方面的问题。没有"家长接待室"的托育机构，则安排班级主班教师在班级内接待家长。有的婴幼儿乘坐托育机构的接送车上学，有的婴幼儿由老人或者保姆等人接送，父母没有到托育机构接送孩子，也就无法利用接送时间来和教师交流。对于这些婴幼儿父母，托育机构就要另外安排接待时间。利用家长到托育机构接送婴幼儿的时间来进行家园交流，时间比较匆忙，交流不深刻，但也有交流及时的好处。托育机构或者班级主班教师要安排好这个时间的家园交流和接待工作，但教师与家长的交流不能仅靠这种随机性的、零散的接送时间来完成。

2. 园长接待活动

园长接待活动是由托育机构的园长或副园长在相对固定的时间里接待婴幼儿家长来访的家园合作方式。园长接待活动可以实现园长和家长的直接互动，一些简单的问题当下就可以给出处理意见并加以解决，使问题的解决更方便快捷。

园长接待活动专门接受家长对托育机构各项工作的意见和建议,包括家长对托育机构教育教学活动、设施设备及其使用等的意见和建议,对班级教师的意见和建议,对托育机构家长工作的意见和建议,对优化家庭教育环境的需求等。

园长接待活动可以加强托育机构领导和家长的信息与情感交流,这样有利于及时发现家园双方在交往中存在的问题,及时化解矛盾,减少家园冲突。同时,托育机构可以及时了解家长的意见和需求,可以为托育机构各项工作的开展提供依据和新的思路。当家长在这个活动中看到自己参与的力量与价值后,还可以提高家长参与托育机构管理的积极性。

托育机构还可以以"园长信箱""园长邮箱"等形式来配合完成园长接待活动。园长在收到家长投放到信箱的邮件后,可以通过邮件回复与家长沟通,这样家园交流就不受园长事务繁忙等因素的影响,操作灵活方便。托育机构在接受家长的书面访问、了解家长的需求后,如果以书面形式无法解决问题,可以再进行约谈,或者在园长接待活动中进行交流和反馈。

三、家访与日常接待的开展策略

(一)家访的开展策略

1. 确定家访的目的

家访是有目的、有计划的一项家长工作,每个婴幼儿的具体情况不同,家访的目的、内容和重点也不同。一般来说,家访的目的有以下几点:一是针对新入园婴幼儿进行的常规家访,主要了解婴幼儿的在家情况及家庭教育特点,以便因材施教;二是针对婴幼儿出现的问题或者家园共育中的某些特殊问题进行个别家访,和家长共商教育方法;三是当婴幼儿身体或家庭出现问题时,给婴幼儿和家长以抚慰。家访的目的确定后,教师要通过电话、信函、便条、口头预约等方式提前告知家长此次家访的目的,商量好家访时间,让家长有充分的准备和思考,以待家访时深入探讨,提高家访的效率。

2. 做好家访前的准备

教师在家访前一定要做好充足的准备,选好主题和话题,设计好交谈的方法。掌握孩子在园的各种表现情况,以便在家访时与家长交流,提高家访实效。在家访前,教师可以通过问卷调查、电话咨询等方式,提前与家长沟通家访的相关事宜,了解目前家长在家庭教育方面存在的问题,以做好提供指导建议的准备。为了真实地展示婴幼儿在园的情况,教师可以带一些婴幼儿在园完成的小作品、活动的照片和视频等,让家长客观地了解婴幼儿的能力发展水平。若是探访生病的婴幼儿,可以带一些水果和小玩具,让家长感受到教师的关心和细心。交谈时,教师要详细分析孩子的发展情况,制订个性化方案,做到有的放矢,这种专业素养的展现,能够让家长更信任教师。

3. 家访中交谈讲究技巧

谈话讲究技巧，能拉近与家长的心理距离。首先要尊重婴幼儿，要从爱心出发，不要以偏概全。可以先和家长聊聊家常，如家长的职业、爱好，夸夸孩子在园中优良的表现，积极引导家长发现婴幼儿的进步，了解婴幼儿的优势。其次，用真诚的态度告诉家长最近孩子出现的问题，但不要给孩子定性，要向家长讲明孩子出现这样的问题是有原因的，希望通过家园合作，努力帮助孩子解决问题。教师在与家长交流的过程中将科学的保教知识传递给家长，对一些忽视孩子问题的家长，教师要通过说服、对比案例的形式告诉家长此问题的严重性，商讨解决影响婴幼儿发展问题的有效策略，争取家长的支持与配合。

4. 做好家访的后续工作

教师家访时，一定要把握好时间，尽量控制在 1 小时以内，以免影响家长的正常生活。教师离开前，一定要感谢家长对托育机构工作的支持，并诚恳地请家长多多关注班级工作，做好沟通与交流。家访后，应该关注教育的延续性。教师必须及时整理家访笔记，记录被访对象的详细情况，以便后续查找。同时，还要总结此次家访的成功经验和教训，为以后的家访工作提供依据，不断提升家访工作的质量。此外，家访后要通过电话、微信等方式经常与家长保持联系，确保家访时商议的内容得到落实，取得更好的教育效果。

（二）日常接待的开展策略

1. 观察询问，及时反馈

日常接待大多是在早晚进行，沟通的发起人可以是教师，也可以是家长。教师主动与家长进行沟通时，首先要善于观察婴幼儿及家长的情绪状态，只有通过观察，才能了解婴幼儿和家长的需求，确定与家长沟通交流的目的。在每一次沟通前，教师要对本次与家长沟通的目的做到心中有数，如反馈一天中孩子进餐的情况、穿的衣物是否得当、孩子生活习惯的一些问题、孩子连续性表现的一些小异常等。

2. 沟通适时，简化语言

日常接待处于每日在家长接送孩子入园或离园的时段，有时教师一边组织婴幼儿活动，一边与家长进行简短交流，所以教师与家长沟通时不宜说太复杂的事情，或者解决很复杂的问题。如果需要和家长详谈一些事情，最好在孩子离园后，约好时间，安静地沟通。很多教师认为与婴幼儿家里的老人沟通起来比较困难，老人家不能理解自己的意思，这是因为他们与教师的年龄、经验、文化背景、思想观念等方面存在一定差异，双方的语言表达方式也有不同。因此，面对这样的家长，教师要尽可能简化语言，并适时改变自己的语言表达方式，以对方理解的方式进行谈话，这样才能尽可能减少双方的沟通障碍。

3. 换位思考，积极倾听

教师要善于倾听，倾听是对信息进行积极主动的搜索。倾听时要认真地看着对方的眼睛，与家长共情，拉近距离，让家长感受到教师的耐心和真诚。无论是教师还是家长，在倾听对方说话时，都应注意进行"角色换位"，一方面试着从他人角度体会对方的想法，另一方面关注别人的回应，根据回应来决定怎样继续进行谈话，这样可以提高倾听的效率。

🔗 案例分享

快乐的莹莹不见了

新学期开学后，王老师发现快乐善谈的莹莹变了，不再是从前那个活泼开朗的小女孩了。细心的王老师观察了一段时间，发现以前总是在老师身边叽叽喳喳说个不停的莹莹变得胆小、敏感，动不动就爱哭，参与活动的主动性、生活自理能力、语言交往能力等都大不如前。这段时间接送莹莹的都是孩子奶奶，平日里来园接送的妈妈也不出现了。这种情况让王老师很着急，她给莹莹妈妈打了几次电话，一直没有接通，多次尝试与孩子奶奶沟通，奶奶也支支吾吾转移话题。王老师感到很困惑，觉得有必要通过家访进一步了解问题，与家长进行深度沟通。

一个休息日的上午，按照约定的家访时间，班级的两位老师带着莹莹喜欢吃的水果和布娃娃来到了莹莹家。一进门，王老师就把带来的礼物送给莹莹，莹莹高兴地依偎在王老师的怀里，有说有笑地和两位老师一起玩玩具。奶奶看到莹莹这么高兴，难过得哭了。奶奶说："孩子好久没这么高兴了，整天吵着找妈妈，这孩子太可怜了。"王老师关切地询问家里的情况，奶奶放下心理包袱，跟老师聊了起来。原来莹莹的父母这段时间一直在闹离婚，每天争吵不断，而且从来不回避孩子。他们因为孩子抚养权的问题争执不下，对孩子疏于关心与管理。妈妈回娘家快一个月了，爸爸只好把奶奶接来照看孩子，但老人对现在的情况也无能为力。正在这时，莹莹的爸爸也如约回到家中，王老师针对莹莹最近在托育机构的表现同爸爸进行了深入交流。莹莹的这些变化让爸爸很吃惊，他开始意识到大人的争吵对孩子造成了不良的心理影响，使孩子变得孤僻、胆小、敏感。经过两位老师的开导，莹莹爸爸终于认识到孩子是需要温暖和关爱的，无论发生什么事情，都不能忽略孩子的感受，在孩子面前要克制自己的不良情绪并理性处理问题，给孩子营造一个健康的成长环境。最后，王老师表达了自己会继续爱护莹莹，帮助她走出阴影的决心，请莹莹家人放心。莹莹的爸爸和奶奶非常感谢老师的来访，表示一定努力配合，陪伴莹莹度过一个快乐的童年。

案例中的王老师善于观察，她首先发现了莹莹的变化，尝试与奶奶沟通，但是奶奶总是回避交流。为了帮助莹莹，她采取了家访的形式，目的是与家长近距离沟通和交流，了解莹莹发生变化的原因，寻找解决问题的办法。王老师的家访目的明确，积极主动有实效。

王老师做事细致有序，家访前做好了充分的准备，家访时给莹莹带了礼物，让家长感受到了真诚和爱心。王老师注重情感沟通，拉近了教师与家长之间的关系，使莹莹奶奶由开始的避而不谈到与教师坦诚交流，收到了良好的效果。

在交流中，王老师既顾及了家长的颜面，又耐心地倾听家长的叙述，并非常详细地把莹莹这段时间在园的表现和变化反馈给家长，表达了真心诚意地想帮助莹莹把快乐找回来的愿望，从而赢得了家长的信任和支持。莹莹爸爸愿意接受王老师的开导，决心和王老师配合，一起帮助莹莹；王老师也表示会对孩子加倍关爱，让快乐的莹莹重新回到集体中。

四、职业规范与注意事项

1. 家访和日常接待要坚持体现家园共育的理念。

2. 在家访中要树立服务意识、主动意识和平等意识，做到态度谦虚诚恳、介绍全面客观，尤其要以介绍婴幼儿的优点为主，鼓励婴幼儿全面发展。

3. 以饱满的精神、认真的态度和亲切的话语接待每一位入园的婴幼儿与家长，让其感受到教师的专业与热情。

4. 家访与日常接待结束后，要如实做好详细记录，并根据记录进行分析反思。

================== 步骤二　任务实训 ==================

一、任务分组

学生任务分配表

班级			组名		
组长		学号		指导教师	
组员					
姓名	学号	姓名	学号	姓名	学号
任务分工：					

二、设计家访与日常接待实施方案

（一）家访实施方案

1. 收集信息：了解本班婴幼儿的家庭情况

收集方式：

调查内容：

收集结果：

2. 确定家访内容

内容：

原因：

3. 绘制家访流程图

续表

4. 撰写《家访记录表》（扫二维码观看参考案例） （二）日常接待实施方案 1. 确定日常接待沟通内容 内容： 原因： 2. 绘制日常接待流程图 3. 撰写《日常接待记录表》（扫二维码观看参考案例）	《家访记录表》 《日常接待记录表》

三、模拟组织实施

　　请学习小组根据本组撰写的家访与日常接待实施方案，参照家访与日常接待流程图，分角色模拟实施一次家访以及日常接待。

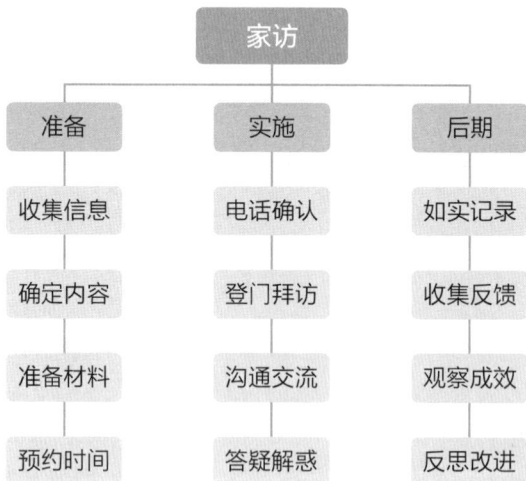

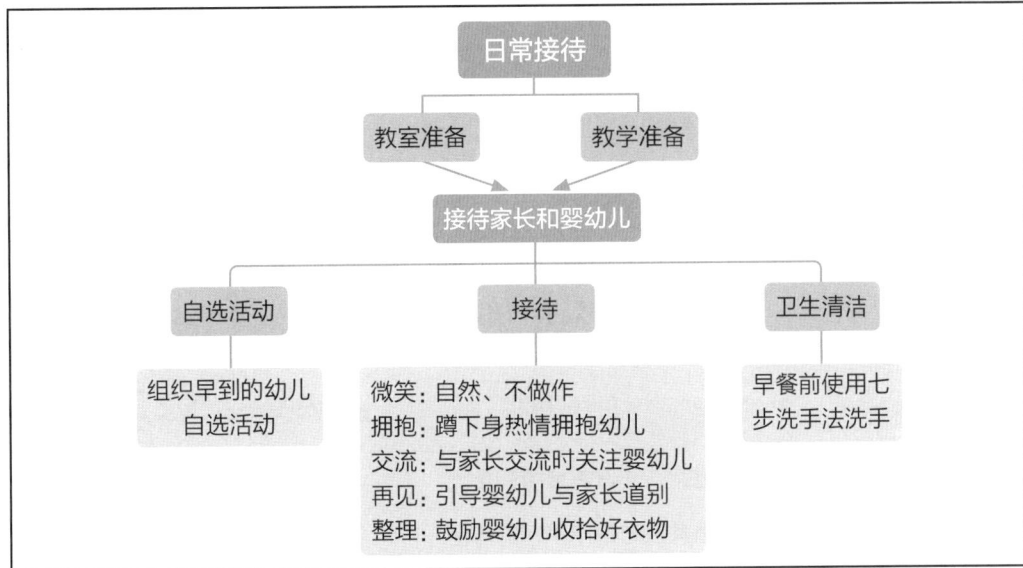

四、任务实施总结

1. 通过完成上述任务，你学到了哪些知识或技能？

2. 遇到的问题及解决措施

3. 个人体会

签名：

日期： 年 月 日

五、拓展实践

以小组为单位，调查本地托育机构家访与日常接待的开展情况，调查内容建议如下：

1. 该园所的家访内容与形式主要有哪些？

2. 该园所的日常接待沟通内容主要有哪些？

━━━━━━ **步骤三　思考提升** ━━━━━━

1. 家访与日常接待的形式有哪些？
2. 家访与日常接待的目的是什么？
3. 家访的内容如何确定？
4. 日常接待时需要注意什么？

━━━━━━ **步骤四　任务评价** ━━━━━━

评价内容	评价标准	分值	小组自评	他组评分	教师评分
家访与日常接待的含义与作用	能说出家访与日常接待的含义	5			
	能说出家访与日常接待的作用	5			
家访与日常接待的内容与形式	能说出家访与日常接待的内容	5			
	能说出家访与日常接待的形式	5			
家访与日常接待的开展策略	能说出家访与日常接待的开展策略	10			
家访与日常接待方案的设计	家访与日常接待的沟通内容能体现家园共育的理念	5			
	家访与日常接待的沟通内容以婴幼儿在园内的真实发展水平为依据	5			
	家访与日常接待的开展方案设计完整	10			
	能仔细核对，避免过程出现错漏	5			
	能制作出有针对性的《家访记录表》《日常接待记录表》	10			
家访与日常接待的实施	组内角色分工明确，展示完整流畅	5			
	教师与家长沟通愉快，环境与氛围轻松	10			
	能科学引导家长正确认识、评价婴幼儿在园以及在家的表现	10			
	能倾听家长的疑惑和意见，作出合理解释，达成教育共识	5			
	体现家园共育的理念	5			
总分		100			

【项目测试】

项目测试二

|项目三| 主题性婴幼儿家园共育工作

🌀 项目导读

　　家园共育除了日常在托育机构里开展的家园共育工作，还有主题性家园共育工作。主题性婴幼儿家园共育工作是指托育机构围绕着一定主题或形式，阶段性开展的家园共育工作，是对常规性家园共育工作的补充，包括举办家长开放日活动、开展家长助教活动、开展托育机构亲子活动、开展家园互动式研讨会。

◯ 教学目标

◎素质目标

1. 树立尊重家长、服务家长的意识和职业规范。
2. 培养团队合作的能力。

◎知识目标

1. 了解主题性婴幼儿家园共育活动的含义与作用。
2. 掌握主题性婴幼儿家园共育活动的内容与形式。
3. 掌握主题性婴幼儿家园共育活动的组织策略与注意事项。

◎能力目标

1. 能制订主题性婴幼儿家园共育活动方案。
2. 能熟练地组织实施主题性婴幼儿家园共育活动。

项目导览

```
                                        ┌─ 家长开放日活动的含义与作用
                         ┌─ 举办家长开放日活动 ─┼─ 家长开放日活动的内容与形式
                         │                  ├─ 家长开放日活动的组织策略
                         │                  └─ 职业规范与注意事项
                         │
                         │                  ┌─ 家长助教活动的含义与作用
                         ├─ 开展家长助教活动 ─┼─ 家长助教活动的内容与形式
                         │                  ├─ 家长助教活动的组织实施
                         │                  └─ 职业规范与注意事项
  主题性婴幼儿家园共育工作 ─┤
                         │                  ┌─ 亲子活动的含义与意义
                         ├─ 开展亲子活动 ───┼─ 亲子活动的内容与形式
                         │                  ├─ 亲子活动的组织实施
                         │                  └─ 职业规范与注意事项
                         │
                         │                  ┌─ 家园互动式研讨会的含义与意义
                         └─ 开展家园互动式研讨会 ┼─ 家园互动式研讨会的内容与形式
                                            ├─ 家园互动式研讨会的组织实施
                                            └─ 职业规范与注意事项
```

任务一　举办家长开放日活动

任务背景

　　橙汁宝贝托育机构近期将举行家长开放日半日活动，你是托大1班的主班教师，接到教研组长的任务，请你组织本班的配班教师、保育员一起研讨。

　　要求：请你根据任务情境，收集家长开放日活动的内容与方法等相关内容，和团队成员共同制订家长开放日活动方案并模拟实施。

任务目标

　　1. 能说出家长开放日的作用、主要内容与特点、常见活动形式。

　　2. 能制订家长开放日的活动方案并组织实施。

　　3. 树立服务家长的意识，培养团队合作的能力。

任务实施

步骤一　知识梳理

一、家长开放日活动的含义与作用

（一）家长开放日活动的含义

　　家长开放日活动是家园共育的一种有效形式，是指托育机构在每学期特定的时间邀请家长走进托育机构，了解婴幼儿在园的生活和学习情况，观摩或参与教育教学活动，从而加强教师与家长沟通交流的活动。家长开放日活动面向群体为家长，让家长在开放日活动中全方位了解托育机构，亲身感受到婴幼儿的学习方式及特点，观察到教师的辛苦付出及专业性的表现，体会到托育机构的教育教学理念，以便日后更好地开展家园工作。

（二）家长开放日活动的作用

　　家长开放日活动有助于教师和家长建立有效的教育伙伴关系，增进双方的了解，对于形成教育合力有重大的意义。虽然家长每天都来托育机构接送孩子，但是他们对婴幼儿在托育机构的一日生活是陌生的，家长开放日活动为家长深入了解婴幼儿和托育机构打开了一扇大门。同时，教师也可以通过家长开放日活动更好地了解家长，共同促进婴幼儿的健康发展。

1. 促进婴幼儿身心健康发展

　　婴幼儿的自信心和成就感主要来源于成人的关注和重视。家长开放日活动的有效实施，让婴幼儿在活跃的亲子氛围中感受到来自家庭、托育机构以及社会的关爱，增强婴幼儿的语言表达能力、运动能力和思维能力，培养婴幼儿的情感自信，提升婴幼儿的社会交往能力。

2. 树立家长的科学育儿观

通过家长开放日活动，加强教师和家长之间的沟通，教师可以运用多种方式向家长宣传正确的教育理念，帮助家长理解科学的教育理念，了解婴幼儿在托育机构的活动情况，尊重婴幼儿的发展特点，采取适合婴幼儿的活动内容和游戏方法，循序渐进地开展家庭教育活动。此外，教师通过教学活动的展示以及游戏活动的组织等方式，引导家长树立正确的家庭教育观念，形成科学合理的教育方法，促进婴幼儿身心健康发展。

3. 提升教师的综合能力

家长开放日活动的开展，是托育机构一日教育和生活活动的展现途径。为了呈现更好的活动效果，让家长能够更加直观地体验到托育机构的教学成果，教师必须要积极探索和设计，了解家长的教育观念、职业专长、兴趣爱好和学习类型，听取家长的意见，实现活动开展的有效性和科学性。教师通过一次次的家长开放日活动，掌握科学的家长开放日活动组织方法和组织原则，不断完善活动准备、活动组织和活动总结等环节，锻炼自身在实践活动方面的综合能力。

二、家长开放日活动的内容与形式

家长开放日活动的内容与形式多样，教师在活动内容与形式的选择上，要根据婴幼儿不同年龄段的实际特点合理设计。家长开放日活动的内容要有趣味性、实践性和新颖性，能够让家长对婴幼儿在园的活动进行全面了解，促进家长正确教育观的形成。

（一）观摩活动过程

教师准备一些生活活动或者游戏活动，让家长观摩活动组织过程，参与活动研讨，谈一谈对活动的感受和建议。教师经过专业的学习，在教育方法和教育理念上具有科学性和系统性，家长也可以通过活动的观摩与学习，领悟教师的教育理念，学习科学的教育方法，改善不正确的教育方法，促进良好家庭教育的开展。另外，家长通过对教育活动或游戏活动的观摩学习，能够多角度、多层次地理解托育机构的教育理念，并给予托育机构更多的支持，促进家长和托育机构建立良好的沟通合作关系，有助于家园更好地合作。

（二）亲子活动

亲子活动也是家长开放日常见的活动内容，亲子活动是指父母陪着婴幼儿一起参加有益于婴幼儿成长的活动。它通过亲子间的互动交流，增进家长与孩子之间的亲情，在提高孩子各种能力的同时，增进家长的育儿理念和技能，能极大地促进婴幼儿健康成长。所以，教师在家长开放日可以适当安排亲子活动，指导家长和孩子开展趣味亲子游戏，使孩子和家长在欢乐的游戏中共同进步。亲子活动通常包括亲子教育活动、亲子运动会、亲子游园会等。在亲子活动的开展过程中，教师将教育内容和理念渗透到游戏活动中，构建交流互助平台，在潜移默化的作用下，改善家长的教育理念，提升其教育能力。家长和婴幼儿在共同活动的过程中，增进亲子感情，提升身体素质，促进亲子关系进一步升温，促进婴幼儿身心全面健康成长。

（三）庆祝活动

有些托育机构会将家长开放日活动设置在六一国际儿童节、元旦、端午节、劳动节等时期，结合节日特点设计活动内容，融入情感教育，让家长学习寓教于乐的教育方法，提升家长的教育水平，促进家庭教育质量的提高，增进亲子关系。

（四）家长助教活动

托育机构要充分挖掘家长资源，促进家庭和托育机构的平等联系，强化家园共育的深度和广度。为了有效展开家长助教活动，教师应提前向家长了解基本情况，包括兴趣、特长、工作性质等。例如，邀请医生妈妈讲解卫生知识，消防爸爸讲解防火知识，警察爸爸讲解安全防范知识等。通过这种形式，可以加深家长对教师工作的理解，激发家长的积极性和主动性，提升家长在开放日活动中的参与度。

三、家长开放日活动的组织策略

（一）活动的准备

1. 收集家长信息，家园共谋活动内容

教师应在家长开放日前同家长沟通家长开放日的相关事宜，倾听家长的意见。首先，在活动准备阶段，可以和家长进行电话访谈或者发放调查问卷，了解他们对于家长开放日活动的内容和形式的想法。其次，可以提前让家长报名参与家长开放日活动的组织工作，成为活动志愿者，加入活动设计、活动准备、活动组织等环节，体会到自己是活动中的一分子，从而乐意参与到活动中。其三，要做好家长通知工作，确保活动的顺利开展，主要包括以下方面：一是通知活动时间，方便家长做好时间上的安排；二是根据活动内容形式，通知家长需要注意的事项；三是提醒家长在活动中观察婴幼儿的行为和心理变化，从而发现婴幼儿的优势，观察教师的教育方法，提升教育能力。最后，充分利用家长资源，让家长真正走入托育机构，帮助教师组织活动，以此来增进家园间的互动合作，让家长真正体验到责任感。

2. 明确活动目标，制定适宜的内容

科学合理的目标对于家长开放日活动的开展方向和具体形式的制定具有重

要的指导作用。教师要根据婴幼儿的年龄特点，结合家长的实际情况，合理制定活动目标。教师要注意结合季节特点和节日情况，融入社会热点问题，提升活动的深度。例如，在学期性的开放日活动中，要全面展示婴幼儿的优势技能和生活能力；在每月的活动中，要注重展示婴幼儿阶段性的成长和进步；在节日庆祝活动中，应在节日主题的背景下，以游戏和表演为主要形式开展活动。

教师在活动内容形式的选择上，要根据不同年龄段婴幼儿的实际特点进行合理设计。活动内容要有趣味性、实践性和新颖性，能够激发婴幼儿的兴趣和好奇心。一是贴近婴幼儿生活，活动内容和形式要和婴幼儿的生活紧密贴合，同时要注重提升家长的参与度。二是结合婴幼儿的年龄特点进行科学设计，根据 0～3 岁婴幼儿的年龄特点来规划内容和形式。三是融合正确的教育理念，活动内容要和客观世界相结合，突出整体性和系统性。此外，还要注重融入婴幼儿所学技能，展现婴幼儿能力，提升其自信心和荣誉感。为了锻炼婴幼儿的耐心，要设计一些需要较长时间的亲子操作活动。

3. 明确人员任务，梳理活动的流程

为了确保活动的顺利开展，要对托育机构教师和家长的责任进行明确的划分和安排，确保活动的各个环节都有专人负责。例如，负责活动主线的教师安排；家长志愿者工作安排；教师之间的配合如何开展等。在家长开放日活动之前，要对具体的工作和责任进行细化分工，确保活动的有序进行。

活动流程是家长开放日活动的综合性展现，对活动的合理性具有很好的检验效果。活动流程安排既要符合婴幼儿的身心发展特点，还要能够激发婴幼儿的参与热情，保持婴幼儿的平稳情绪。如果活动时间持续太长，容易引起婴幼儿的厌烦情绪；如果时间太短，婴幼儿不能全身心投入，则会影响活动效果。

4. 准备活动材料，布置温馨的环境

家长开放日活动的材料准备和环境布置非常重要，物质环境的布置反映了保育和教育工作者对家长的一种态度，家长对于家长开放日活动的第一印象就是从外部环境开始的。因此，教师应重视发挥材料和环境这一教育资源的潜在价值，合理创设与利用托育机构的各种环境，使家长感受到参与开放日活动的温馨和舒适，进而提高家长的积极性。例如，可以在托育机构门口设立欢迎家长参加家长开放日活动的牌子或者横幅，使家长感受到被欢迎，像朋友一样参与活动，而不是以客人的身份。教师也可以在班级内张贴一些家长与婴幼儿的图片，或者摆放婴幼儿与家长亲手合作的作品，让家长感觉到温暖。

（二）活动的组织

1. 合理组织，全面展示托育机构课程

《托育机构保育指导大纲（试行）》从营养与喂养、睡眠、生活与卫生习惯、动作、语言、认知、情感与社会性等领域描述婴幼儿照护与教育的目标与要求。

如何让家长了解托育机构的教育理念、婴幼儿的发展规律和特点，尊重婴幼儿发展的个体差异？这需要托育机构合理组织，通过家长开放日活动全面展示托育机构的课程。首先，保证家长3年在园期间能观摩到各个领域的典型案例，对婴幼儿的学习与生活有所了解；其次，充分开展区域活动、亲子游戏等，让家长对婴幼儿的游戏活动有所了解；其三，科学安排一日活动，动静交替，保证活动质量，提高家长对托育机构的认可度。

📝 笔记栏

2. 讲究策略，注重层次性与挑战性

婴幼儿的活动内容需要符合婴幼儿的年龄特点，不能低于婴幼儿的现有水平，要有一定的挑战性。提供多层次的活动材料，要考虑到婴幼儿的年龄差异和个体差异。例如锻炼婴幼儿爬行的粗大动作，要提供适合年龄较小的婴幼儿的爬行垫，也要为年龄较大的婴幼儿提供"山洞"毛毛虫等有难度的材料。这些材料的提供既要兼顾群体需要，符合婴幼儿的发展需求，让每个婴幼儿都获得成功，又要有一定的挑战性，不断激发婴幼儿的活动兴趣。

3. 善于引导，加强家长与孩子的良性互动

在家长开放日活动中，教师应侧重引导家长学会欣赏孩子、鼓励孩子，学会发现孩子的闪光点，少和别人家的孩子进行比较，多关注孩子的情绪以及社会性方面的发展，并提醒家长多给予孩子支持和陪伴，而不是包办和代替。遵循婴幼儿生长发育的规律，享受亲子共处的美好时光。教师还可为家长提供观察记录表，记录婴幼儿在活动中的表现、优点、存在的问题、教师的指导方式等，使家长真切地看到婴幼儿在集体活动中的自然状态，感性地聆听婴幼儿的心声，多维度地了解婴幼儿的情况，学习如何同婴幼儿相处，担起科学教养婴幼儿的责任。

（三）活动的后期

家长开放日活动后，教师与家长的讨论与交流是格外重要的，教师应通过多种形式与家长沟通交流。例如，可组织家长开放日总结研讨会，就活动中发现的问题进行探讨和学习，进而有效地反思对婴幼儿的教育，家长也可在研讨会中与大家分享一些育儿经验及给教师的一些建议等。又如，教师开通家长开放日评价渠道，鼓励家长对开放日活动进行评价，并及时反馈家长的意见，有利于家长支持托育机构工作，促进家园交流与合作。

🔗 案例分享

互动式的家长开放日

涵涵妈妈来陪孩子一起参加家长开放日活动，涵涵特别高兴。妈妈刚进活动室，涵涵就迫不及待地来到妈妈身边，拉着妈妈的手，寸步不离。户外活动时，涵涵不和小朋友一起排队做操；集体活动中，她

不坐到自己的座位上，而是在活动室最后面，和家长们坐到一起；即使喝水、如厕时，她也要拉着妈妈。妈妈耐心地和涵涵说："你坐到座位上，妈妈在旁边陪着你，可以吗？"涵涵摇摇头。妈妈试着离开涵涵，可她看到妈妈不在身边，立刻大哭起来，影响了班级正常活动的开展。后来，妈妈渐渐失去了耐心，呵斥着涵涵："以后再也不来参加了。"涵涵也生气地嘬起嘴。

随着婴幼儿年龄的增长，孩子对照料者（主要是妈妈）的依恋会逐渐加深，并在 2 岁达到分离焦虑的顶峰。孩子这样的表现就是"黏人"。我们往往会将"黏人"视为孩子不独立的表现，且常常为了摆脱孩子的"黏人"，采用严厉呵斥、刻意疏离的办法，殊不知这只会让孩子的安全感消失殆尽，进一步加剧焦虑，重者还会造成孩子情感冷漠、自闭。当涵涵妈妈在众人面前大声地呵斥她时，她一定是无助和困惑的："我做错了什么？曾经那么爱护我的妈妈怎么变得这么可怕？她是不要我了吗？"

以下几种做法能帮助解决此类问题。

一是与婴幼儿互动。例如，教师跟孩子们说："明天爸爸妈妈们就要来托育机构看看你们平时在托育机构里是怎么学习、游戏、和小朋友相处的，你们要好好表现给他们看哦，让他们知道你们已经长大了，可以自己的事情自己做，小朋友们可以做到吗？"这样，在思想上，家长和孩子做了较为充分的准备。此外，教师们一起布置了温馨、明朗的班级环境，以迎接家长们的到来。

二是借活动互动。在开放日的流程和活动内容上做一些调整。例如，根据小班婴幼儿还比较依赖父母、独立性不够等情况进行设计：先开展一个家长和婴幼儿互动的亲子游戏"找找我的爸爸妈妈"，以分小组的形式进行。家长们牵着手围成一个圈，小朋友站在圈里，闭着眼睛去找自己的爸爸妈妈，找到后给他们一个拥抱，找错了也可以获得一个拥抱。而爸爸妈妈会在小朋友的耳边轻轻地说："接下来我们会在旁边看你的表现哦！相信你是很棒的！"孩子们非常开心。通过这样的亲子小游戏，放松大家的心情，缓解孩子们的紧张情绪。再如，集中活动手掌拓印画"我们一家人"，爸爸妈妈需要一起参与到活动中，和孩子合作拓印手掌，并进行装饰。小朋友们和家长们都很投入，既增进了亲子感情，又让家长看到了自己的孩子在学习中的表现。又如，早操后户外体育游戏"爬山洞"，由家长们拱手弯腰搭建成一个长长的山洞，小朋友们从地垫上爬过去，体验亲子合作的默契和快乐。

　　在家长开放日活动中，通过增加一些需要孩子和家长合作的亲子游戏、户外活动等，采用集体和小组的活动形式，以此来增强孩子和家长的互动。这样既能让家长看到孩子独立的表现，又能让婴幼儿感受到父母的关注与参与，既面向了全体，又照顾到个别差异，使得"黏人"的孩子不再"黏人"，也能够积极地参与其中。

四、职业规范与注意事项

1. 家长开放日活动的主题和内容选定能体现家园共育的理念。

2. 在半日活动的设计中，要尽量考虑活动环节的合理化，考虑婴幼儿的年龄特点和爱好，活动时间安排科学合理，使婴幼儿学得轻松、玩得开心。

3. 在活动环节的设计中，提倡亲子互动的环节，尽量使家长能够参与进来。

4. 制订家长开放日活动方案时要全面考虑，仔细核对，避免活动流程与内容出现错漏。

5. 活动后，教师应有意识地请家长提出合理的看法和建议，同时关心家长，解决疑难问题，使家长开放日活动真正成为家园共育的合作活动。

━━━■ 步骤二　任务实训 ■━━━

一、任务分组

学生任务分配表

班级			组名		
组长		学号		指导教师	
组员					
姓名	学号	姓名	学号	姓名	学号
任务分工：					

二、设计家长开放日活动方案

1. 收集信息：了解本班家长情况

收集方式：

调查内容：

收集结果：

2. 确定合适主题

主题：

原因：

3. 绘制主题活动流程图

4. 撰写家长开放日活动方案（扫二维码观看参考案例）

家长开放日活
动方案

5. 撰写《家长开放日活动反馈意见表》（扫二维码观看参考案例）

《家长开放日活
动反馈意见表》

三、模拟组织实施

　　请学习小组根据本组撰写的家长开放日活动方案，参照家长开放日活动组织实施流程图，分角色模拟组织实施橙汁宝贝托育机构托大 1 班的家长开放日半日活动。

家长开放日活动

活动准备	活动组织	活动后期
收集信息，多途径调研	全心准备，迎接家长	整理材料，收拾场地
确定目标，设计内容	合理组织，全面展示	自我反思，记下问题
人员分工，梳理流程	讲究策略，个别指导	家长评价，抒发感受
准备材料，布置环境	善于指导，促进互动	教师沟通，相互学习
下发通知，与家长沟通	调节氛围，欢送家长	撰写总结，以备下次

四、任务实施总结

1. 通过完成上述任务，你学到了哪些知识或技能?

续表

2. 遇到的问题及解决措施

3. 个人体会

　　　　　　　　　　　　　　　　　　　　　　　签名：

　　　　　　　　　　　　　　　　　　　　　　　日期：　　年　月　日

五、拓展实践

以小组为单位，调查本地托育机构开展家长开放日活动的情况，调查内容建议如下：

1. 该园所家长开放日活动的主题与形式有哪些？

2. 选择一个托班，尝试为其设计一份以阅读为主题的家长开放日活动方案。

━━━━━━━━ 步骤三　思考提升 ━━━━━━━━

1. 家长开放日活动的形式有哪些？

2. 家长开放日活动的目的是什么？

3. 家长开放日活动的主题如何确定？

4. 家长开放日活动的实施过程中要注意什么？

━━━━━━━━ 步骤四　任务评价 ━━━━━━━━

评价内容	评价标准	分值	小组自评	他组评分	教师评分
家长开放日活动的含义与作用	能说出家长开放日活动的含义	5			
	能说出家长开放日活动的作用	5			
家长开放日活动的内容与形式	能说出家长开放日活动的内容	5			
	能说出家长开放日活动的形式	5			
家长开放日活动的组织策略	能说出家长开放日活动的组织策略	10			

评价内容	评价标准	分值	小组自评	他组评分	教师评分
家长开放日活动方案的设计	家长开放日活动的主题和内容选定能体现家园共育的理念	5			
	家长开放日的时间安排科学合理	5			
	家长开放日活动方案体例设计完整	10			
	能仔细核对，避免活动流程出现错漏	5			
	能制作出有针对性的《家长开放日活动反馈意见表》	10			
家长开放日活动的实施	组内角色分工明确，展示完整流畅	5			
	师幼关系平等和谐、环境与氛围轻松	10			
	能科学引导家长学会观察婴幼儿的表现	5			
	能及时对婴幼儿的反应作出积极的回应与指导	5			
	能倾听家长的疑惑和意见，作出合理解释，达成教育共识	5			
	体现家园共育的理念	5			
总分		100			

◐ 任务二　开展家长助教活动

■ 任务背景

　　橙汁宝贝托育机构近期将举行家长助教活动，你是托大 1 班的主班教师，接到教研组长的任务，请你组织本班的配班教师、保育员一起研讨。

　　要求：请你根据任务情境，收集家长助教活动的内容与方法等相关内容，和团队成员共同制订家长助教活动方案并模拟实施。

◤ 任务目标

　　1. 能说出家长助教活动的含义与作用、内容与形式。
　　2. 能制订家长助教活动的活动方案并组织实施。
　　3. 树立尊重和服务家长的意识，培养团队合作的能力。

◯ 任务实施

步骤一　知识梳理

一、家长助教活动的含义与作用

（一）家长助教活动的含义

　　家长助教活动是指家长以教师的身份，直接参与托育机构的教育教学、生活组织等，协助教师完成教育教学和生活组织等目标的一种活动。家长助教活动是托育机构家长资源利用的一种重要形式，通常是家长走进托育机构，也可以是婴幼儿到家长的工作场所或者是家长提供的场所、社区公共区域、公园、博物馆等地，由家长进行教育教学活动。

（二）家长助教活动的作用

1. 促进家长对托育机构活动的认识

　　家长在活动中能直接、有效地了解孩子在园的状况，了解托育机构的活动模式。家长可以了解到孩子在托育机构究竟学了些什么，他们又是怎样进行学习的。此外，家长通过直接的参与，还可以了解婴幼儿教育改革的新理念、新方法，并逐渐与托育机构达成教育共识。这不仅能够促进家园合作，还能为家长和教师搭建一个互动交流、互相学习的平台，增加家园之间的理解和尊重，是家园共育、婴幼儿成长的助推器。

2. 丰富婴幼儿的学习经验

　　家长资源是托育机构取之不尽、用之不竭的"活"资源。家长的职业多样，有着不同的文化背景、专业特长、兴趣爱好，这都是托育机构宝贵的教育资源。家长拥有不同领域的相关工作经验，独具教育优势，能让孩子们体验到不同于教师日常教育的"特别"课程。家长助教活动的组织形式既有集体的教育活动，也有小组的区域活动，生动有趣、丰富多彩，弥补了教师在其他教育领域的不足，为托育机构的教育需要提供了支持和帮助。家长助教活动不仅充实了托育机构的教育力量，丰富了教育元素，还激发了婴幼儿的学习兴趣。

3. 促进亲子关系融洽

家长到托育机构参与活动，使婴幼儿有机会看到家长扮演的另一角色，一种有别于在家中扮演的角色。婴幼儿会觉得自己的家长很了不起，这有助于家长在孩子心目中建立起美好的形象，这也有助于建立融洽的亲子关系。同时，对于家长来说，在托育机构提供的平台上，能够亲身体验教师的角色，感受寓教于乐的教育风格，展现自己的专业才能，自豪感、成就感会油然而生。

4. 促进家长与托育机构、家长与家长之间的沟通

在开展家长助教活动的过程中，托育机构与家长之间的沟通必然会加强，双方会交换有关婴幼儿学习的资料，沟通教育方式、活动形式。在家长与家长之间，助教活动使他们有了共同关注的目标、感兴趣的话题，他们在接送子女时可互相交流意见。此外，托育机构的亲子游戏、运动会等也可以请家长当助教，通过此类活动，也能促进家长与托育机构、家长与家长之间的沟通。

二、家长助教活动的内容与形式

（一）家长助教活动的内容

1. 基于家长自身工作特点生成内容

家长来自各行各业，对自己所从事的职业有深切的认识，而且他们中不乏学有专长的人。那么，教师在制订家长助教活动计划时，可以依据家长的职业优势，合理安排"家长进课堂"活动。例如，班级开展"健康的身体"主题教学活动，恰好有家长是牙医，教师可以将其请进课堂为婴幼儿介绍牙齿的相关知识。在开展民俗活动"了解中国茶文化"时，可以将开茶馆的家长请进课堂，为婴幼儿进行茶艺表演。若婴幼儿对生活中各种各样的建筑感兴趣，可以请从事建筑设计的家长为婴幼儿介绍建筑等。

2. 从托育机构常规性活动中生成内容

托育机构有自身的活动课程，包括身体动作、社会情绪、语言沟通、艺术启蒙、生活自理等领域的活动。可以结合托育机构日常活动开展的需要，选择部分课程，开放给家长助教。由于家长不是专业的教师，所以在选择这部分开放的课程时，需要选择比较容易组织实施、比较容易操作的活动。比如绘本阅读活动、生活自理活动、体育游戏等。托育机构的大型活动有外出参观、春秋游、社会实践、运动会、迎新年等。家长助教可以参与这些活动的组织筹划，

也可以利用自身资源，为活动增光添彩。如在活动中充当解说员、护送员、管理者等。遇到重大活动或新游戏开展，可以请家长助教参与环境布置、教玩具制作，以此来丰富婴幼儿的教学、游戏材料。

3. 从婴幼儿的兴趣中生成内容

婴幼儿经常会对某些日常发生的事件产生兴趣。如某地发生了地震，婴幼儿在了解事件发生的同时也会对地震这一自然现象产生兴趣。为什么会发生地震？由此会产生哪些危害？发生地震时我们应该怎样保护自己？由此，教师可以邀请家长助教组织一些相关的科学活动和安全演讲。如果恰巧班中有家长参与了抗震救灾活动，还可以将其请来为婴幼儿讲述自己的救灾经历，提高婴幼儿的自我救护意识。

（二）家长助教活动的形式

1. 请进来的家长课堂

确定活动内容之后，利用园所里的资源和环境，教师邀请家长进入托育机构开展家长助教活动。如家长组织常规性活动、家长协助大型节庆活动等。

🔗 案例分享

家长助教活动：好吃的水果

适合年龄段：托大班

一、设计意图

把家长请进托育机构，担任助教的角色，为婴幼儿组织教学活动，是一种全新的家园共育方式，也是行之有效的家园互助方式。家长助教活动是许多托育机构挖掘家庭教育资源、形成家园共育的主要实践活动之一。在家长助教活动中，教师扮演好"发起者、组织者、参与者"的角色，探寻有效的指导策略，体现家园合作的和谐性，搭建家园交流平台，保证家长助教活动的顺利开展。

二、活动目标

1. 利用家长的多种不同类型的思维方式，消除教师的思维局限。

2. 利用家长的多种才能、才艺，丰富教师的教育技能和教育方法，促进婴幼儿与家长、教师共同发展。

3. 让婴幼儿接触更多的人，获得更多的专业信息，增加生活经验，有助于婴幼儿的全面发展。

三、活动准备

1. 通过调查问卷、调查表等方式全面了解家长资源，发动家长们踊跃报名、积极参与。

---

2. 采用电话预约、招募栏等方式，邀请家长参加助教活动。

3. 选出两名家长代表担任"妈妈（爸爸）助教"，准备各种水果。

4. 妈妈（爸爸）助教在班级教师的帮助下，通过多次交流、探讨，写出具体的教学设计，调整好心态，做好充足的、全面的课前活动准备。

四、活动过程

1. 活动前，家长助教把孩子们带来的各种水果分类、清洗、装盘，帮助妈妈（爸爸）助教做好准备工作，营造好婴幼儿的活动氛围，为顺利开展教学活动做好铺垫。

2. 请婴幼儿们互赠自己带来的水果，可以送给婴幼儿吃，也可以送给婴幼儿的家长吃，在他们互相分享的同时，使活动的气氛轻松，也会让今天的妈妈（爸爸）助教不尴尬，能轻松地开展活动。

3. 水果宝宝我"家人"：品尝一会儿水果之后，请持有同类水果（不受外观因素影响）的婴幼儿和家长集合到一组。比如，无论是红苹果、青苹果、黄苹果，都可以集合到一组；无论是绿葡萄、紫葡萄、红葡萄，都可以集合到一组；无论是大西红柿、小西红柿，都可以集合到一组。只要拿到的水果是同类的，就可以集合到一组。然后观察本组水果的异同，可以从各个角度考虑、分析，看哪一组的发现最多。可制成统计表进行记录，方便统计。

4. 出示各种水果：请婴幼儿说出认识的水果，评价一下自己喜欢的水果，以及为什么选择这种水果、它有什么营养价值等。教育婴幼儿各种水果都有它特有的营养价值，吃水果的时候不要只选择自己喜欢吃的，各类水果都要吃，就像吃饭不挑食一样。只有合理膳食，身体才健康。在教育婴幼儿的同时，家长们也会受益。在跟妈妈（爸爸）助教互动交流的同时，可以分享一些育儿经验。

5. 婴幼儿品尝水果：对于婴幼儿不喜欢吃的水果，妈妈（爸爸）助教有妙招——将制作好的水果沙拉请大家品尝，品尝后说说沙拉里有哪些水果。这一巧妙的办法让很多婴幼儿把不爱吃的水果吃得干干净净。在这种状态下，家长们进行生活经验交流，分享了水果的其他食用方法，如榨汁、做成罐头、做成水果冰淇淋等。

6. 对照原来的水果和经过加工的水果，比较它们有什么相同的地方。

7. 展示并示范制作水果沙拉和水果拼盘，婴幼儿和自己的家长共同制作、品尝，大家拿出相机拍下这美丽的画面。

2. 走出去的家长课堂

可以根据家长的职业特点，带领婴幼儿到家长的工作场所、社区公共区域、公园、博物馆等开展家长助教活动。例如，有的家长是消防员，可以带领婴幼儿到消防大队进行参观；有的家长在博物馆工作，可以在博物馆进行家长课堂活动。

三、家长助教活动的组织实施

（一）活动的准备

1. 了解家长的职业及专长

教师如能了解到家长的职业和专长，便可以按活动的需要，有目的地邀请家长参加。

🔗 案例分享

"家长助教"资源调查表

尊敬的家长：

您好！为了共同教育好孩子，促进他们的健康成长，我们诚挚邀请您参与我们托育机构的"家长助教"活动。"家长助教"是一种新型的家园合作方式，就是请您抽空来担任孩子的教师，和孩子讲讲您的职业或者社会见闻，又或者是和孩子一起做一次游戏，教孩子做一次手工……

请您如实地填写下表，不要有心理负担，我们会尽量根据您的意愿和要求，合理安排我园的"家长助教"活动，感谢您的支持！

　　　　　　　　　　　　　　　　　　　　　　　××托育机构

婴幼儿姓名：　　　您的姓名：　　　与婴幼儿的关系：

您的职业：　　　　　　　　您的兴趣爱好及特长：

联系方式：　　　　　　　　电子邮箱：

1. 您熟悉"家长助教"活动吗？（　　）

A. 熟悉　　　　　B. 不熟悉

2. 您之前听说或者参与过"家长助教"活动吗？（　　）

A. 有　　　　　　B. 没有

3. 您是否愿意参加托育机构的"家长助教"活动？（　　）

A. 愿意　　　　　B. 不愿意

4. 您如果不能参加本园的"家长助教"活动，是因为什么？（　　）

A. 没时间　　　B. 不会做　　　C. 没兴趣

5. 您可以在"家长助教"活动中为孩子提供的资源是？（　　）

A. 讲故事　　　B. 做手工　　　C. 分享旅游见闻和图片展览

D. 做游戏　　　　E. 带孩子参观我的实验室

F. 让孩子了解我的职业和专业　　　　G. 其他

6. 您认为安排您当助教的最合适时间段是？

7. 您进行"家长助教"活动的主题是？

8. 您对"家长助教"活动有什么建议？

谢谢您填写这份调查表，我们会根据掌握的资料，做好班级的"家长助教"活动安排表，并和您确认。再次感谢！祝您生活愉快！

2. 拟定家长助教活动的内容

家长助教活动不是替教师找帮手，要想使家长乐于参与，必须要使家长对助教活动的意义、内容有明确的认识和了解。为了使家长能够配合教学活动，教师可以将课程的内容和进度定期向家长公布，如月主题活动的计划、周活动目标和内容、家长助教活动的活动方案等。

3. 公平公开地发出邀请

家长的意愿是很重要的，一开始不妨进行个别征询，也可以公平公开地进行邀请，然后再与积极性高的家长联系。

4. 协助家长完成活动方案设计和材料准备

通常，家长在进课堂前都会明确教育内容并简单地设计活动环节。教师要主动与家长沟通，告知活动的环节、形式，帮助他们制定活动目标、设计活动方案，确保活动的质量。一般情况下，家长准备的活动会出现以下问题：内容不适合婴幼儿的学习特点；形式缺乏趣味性，不能引起婴幼儿的兴趣；环节过于简单或过于复杂等。因此，在活动开展前，教师的首要任务是指导家长设计活动。

教师要在帮助家长了解婴幼儿活动特点的基础上，帮助他们确定适宜的活动形式，合理安排活动环节。婴幼儿的年龄段不同，在活动组织上的要求也不同。由于婴幼儿注意力集中的时间较短，所以针对不同年龄段婴幼儿的活动时间也存在差别，通常托大班为15分钟左右，托小班和乳儿班为5～10分钟。

案例分享

家长助教活动设计表

活动名称：职业体验警察	班级：托小2班	家长姓名：××× 教师姓名：×××
活动目标： 1. 简单了解警察的工作。 2. 能积极参与游戏，遵守游戏规则。		
教师目标建议：以红绿灯游戏为主，让婴幼儿了解简单的规则。		

3-2-6

◆ 笔记栏

续表

家长活动环节设计:	教师活动建议:
一、结合PPT介绍警察相关的职业知识（约10分钟） 1. 警察的工作内容概述。 2. 警察的种类：常见警种的卡通形象展示，工作内容简介。 3. 交通安全知识简介：红绿灯及交通规则、常见的交通标志、关于红绿灯的儿歌。 二、互动游戏：红绿灯（约15分钟） 1. 准备工作 场地：在地面上用绳子或纸盒等围出十字路口的边界；在一个方向的路口处用宽的白纸条、胶带贴出斑马线。 道具：红、黄、绿色的圆牌（直径10cm左右）各2个，模拟红绿灯；圆圈（直径15～20cm）若干，模拟方向盘。 2. 角色分工 1～2位家长手持彩色圆牌，扮演十字路口的红绿灯。小朋友分为两组，分别扮演在东西向和南北向驾驶小汽车的司机。	1. 小班孩子应以游戏为主，简单介绍警察的工作内容即可。 2. 互动游戏可多玩几遍。

效果分析：

　　课程内容准备好之后，我给大家敬了一个礼，开始了我的介绍。出乎我的意料，整个介绍PPT的过程，小朋友们都很专注。我在介绍中加入了不少互动的内容，小朋友们都踊跃举手参与，而且很多问题回答得都不错。游戏环节完全依靠老师们的指挥和帮助才得以顺利完成，看来我把游戏的难度设置得有点高，超出了3岁多孩子的理解力。课程结束后，在自由活动时，很多小朋友都围着我，指着我警服上的肩章、臂章、领花、警号等叽叽喳喳地提问，我一一认真作答，然后为每一位小朋友拍照留念，记录他们灿烂的笑容，愉快地度过了两个小时。

续表

> 参加这次家长进课堂活动，我受益匪浅，感慨良多。这个活动给家长们了解托育机构的生活和教学提供了一个窗口；增强了家长和老师之间的交流，增强了家长和婴幼儿之间的互动；开阔了婴幼儿的视野，丰富了托育机构的教学模式；家长们介绍自己从事的职业，可以给婴幼儿带来更加真切的职业认知和体验；家长通过准备课程，可以进一步思考、探索婴幼儿的认知特点以及如何进行引导，加强家园共育；家长通过准备课程，可以亲身体验老师们在教育婴幼儿的过程中付出的精力和心血，会更加理解和支持老师们的工作。

笔记栏

（二）活动的组织

1. 家长与婴幼儿提前接触

通常，在活动开始前，教师要向婴幼儿介绍授课家长，介绍活动名称，引起婴幼儿对活动的兴趣。

例如："孩子们，你们认识这位叔叔吗？对，他是就畅畅的爸爸。今天，他来教大家学本领，你们高不高兴啊？畅畅爸爸要带大家来认识一下牙齿，我们先来听一听他带来了一个什么样的故事，好吗？请你们认真听，一会儿他会请小朋友们来回答问题。我们看一看今天谁听得最认真，最会回答问题，表现最棒。"

2. 教师配合家长开展助教活动

在家长助教活动中，家长是活动的组织者，但这并不代表教师就可以像个旁观者一样坐观其变，而是要在活动中密切配合家长，如配合表演、发放操作材料、组织纪律等。教师除了做好配班工作外，还要在全局上掌控活动的进程。毕竟家长的教学经验不足，对于一些突发情况可能不知道该如何处理，这时就需要教师的帮助。如在讲到一个好玩的话题时，婴幼儿可能会兴奋得失控，这时需要教师及时稳定婴幼儿的情绪。如果家长在活动中某个环节的表述没能使婴幼儿很好地理解，教师还可以在一旁进一步解释演绎等。

（三）活动的后期

1. 家长助教活动的肯定与激励

家长组织的活动结束后，教师要带领孩子们一起对家长表示感谢，及时让家长感受到活动对于婴幼儿学习发展的价值，产生自我成就感。

同时，教师还要以适宜的方式对家长参与活动的行为进行激励，例如，在婴幼儿面前表扬家长，通过婴幼儿反馈给家长；在家长会上总结家长助教活动的开展情况，展示家长组织活动的照片，在全体家长面前表示感谢和肯定等。

2. 家长助教活动的反思与总结

在家长助教活动后，家长把感想、体会、意见与建议告知教师，教师悉心听取，与家长密切配合，从而更好地提高教育质量（见表3-1）。

表3-1　家长助教活动反思总结表

活动名称		班级		家长助教		指导教师	
家长感想与体会							
教师反思							

案例分享

健康活动：爱护牙宝宝

班级：托大3班　　执教者：家长×××爸爸　　职业：口腔医生
指导教师：××

设计思路：

在日常活动中，我们发现婴幼儿对牙齿的保护意识不强，坚持早晚刷牙的婴幼儿并不多，蛀牙问题在婴幼儿中多有存在。根据本班婴幼儿的认知特点和兴趣爱好，我们通过演示练习的方法来介绍牙齿及保护牙齿的重要性，以提高婴幼儿爱护牙齿的意识。

活动目标：

1. 知道牙齿的重要作用，保护好自己的牙齿。

2. 学习正确的刷牙方法，初步养成良好的护牙习惯。

活动准备：

牙齿模型，牙刷，牙杯。

活动过程：

1. 开始环节

教师向婴幼儿介绍参加活动的家长以及即将开展的活动。

家长与小朋友打招呼后导入活动："今天我带来一个谜语，请小朋友猜一猜。'上一排，下一排，整整齐齐白又白；如果你猜不着，张开嘴巴就明白'。"（谜底：牙齿）

2. 家长讲解

家长出示牙齿模型，请婴幼儿观察并提问："牙齿是什么样子的？"（牙齿白白的，很坚硬）"小朋友是怎么样把东西吃到肚子里的？"（用牙嚼碎）"小兔吃萝卜、小狗啃骨头都需要用什么？"（牙齿）"小朋友说一说牙齿有哪些作用？它的作用大不大？"

笔记栏

小结：它可以撕碎、嚼烂食物，帮助消化；还可以协助发音，使声音清晰；整齐的牙齿使人看起来更加帅气、美丽。

3. 讨论互动

引导婴幼儿知道牙齿坏了会不舒服。

（1）小朋友的牙齿为什么会坏？

（2）牙齿坏了会怎样？

（3）为什么要刷牙？

小结：平时爱吃甜食，吃过东西后不漱口、不刷牙，早晨起床后和晚上睡觉前也不刷牙，时间长了，牙缝里留下的食物残渣就会滋生细菌，细菌会把小朋友又白又整齐的牙齿"吃"掉。

四、职业规范与注意事项

（一）教师职业规范与注意事项

1. 对助教的家长，教师必须让他们有一种受欢迎、受重视的感觉。

2. 教师要与家长就助教活动的计划进行很好的沟通。

3. 教师要为助教家长提供便利的条件和物质上的帮助。

4. 为了避免婴幼儿情绪上的波动，教师一定要与婴幼儿有很好的协商，让婴幼儿有充足的心理准备，告诉婴幼儿如何称呼助教的家长。

5. 家长助教活动后，教师要及时给予积极的鼓励和反馈。

6. 家长不是专业教师，不要用评定教师的标准来评定家长助教的活动效果。

（二）家长助教注意事项

1. 要用积极的情绪情感带动婴幼儿，面带微笑，自然放松。

2. 要注意使用普通话，语言要简洁、清楚、明确，语速要慢。

3. 要在一个与婴幼儿的视线齐平的位置上，尽可能多地环视婴幼儿。

4. 在活动过程中，对婴幼儿的努力应当及时给予支持、表扬和鼓励。

5. 以一种积极的方式与婴幼儿交流，避免制止性和否定性要求。应直接引导或告知婴幼儿应当怎样做。

6. 婴幼儿的不配合及其行为的不当，往往是由于自己的要求不清楚、不具体所致，请不要责怪婴幼儿。

7. 组织活动的时间不宜太长。托小班、乳儿班以 5～10 分钟为宜，托大班以 15～20 分钟为宜。

一、任务分组

学生任务分配表

班级			组名			
组长		学号		指导教师		
组员						
姓名	学号	姓名	学号	姓名		学号
任务分工：						

二、设计家长助教活动方案

（一）活动准备

1. 设计调查问卷：《家长助教资源调查表》（扫二维码观看参考案例）

《家长助教资源调查表》

2. 制作家长助教活动学期清单

3. 公布家长参加助教活动的方法、途径

4. 协助家长完成活动方案设计，撰写《家长助教活动设计表》（扫二维码观看参考案例）

《家长助教活动设计表》

（二）活动组织

1. 设计家长与婴幼儿的提前交流用语

2. 归纳教师配合家长开展助教活动的内容

（三）活动后期

1. 设计家长助教活动的肯定与激励语

（1）带领孩子对家长说的话：

（2）在家长会上总结家长助教活动的话：

2. 设计《家长助教活动反思总结表》（扫二维码观看参考案例）

《家长助教活动
反思总结表》

三、模拟组织实施

请学习小组根据本组撰写的家长助教活动方案，进行小组汇报与小组互评。

四、任务实施总结

> 1. 通过完成上述任务，你学到了哪些知识或技能？
>
> 2. 遇到的问题及解决措施
>
> 3. 个人体会
>
> 签名：
>
> 日期：　　年　月　日

五、拓展实践

以小组为单位，调查本地托育机构开展家长助教活动的情况，调查内容建议如下：

1. 该园所家长助教活动的主题与形式有哪些？
2. 选择一个托班，尝试为其设计一份以职业体验为主题的家长助教活动方案。

━━━━━━ 步骤三　思考提升 ━━━━━━

1. 家长助教活动的形式有哪些？
2. 家长助教活动的作用是什么？
3. 家长助教活动的主题如何确定？
4. 家长助教活动的实施过程中要注意什么？

━━━━━━ 步骤四　任务评价 ━━━━━━

评价内容	评价标准	分值	小组自评	他组评分	教师评分
家长助教活动的含义与作用	能说出家长助教活动的含义	5			
	能说出家长助教活动的作用	5			
家长助教活动的内容与形式	能说出家长助教活动的内容	5			
	能说出家长助教活动的形式	5			

评价内容	评价标准	分值	小组自评	他组评分	教师评分
家长助教活动的组织策略	能说出家长助教活动的组织策略	10			
家长助教活动方案的设计	家长助教活动准备充分，调查问卷完整、有新意	10			
	家长助教活动学期清单考虑完整	5			
	家长参加助教活动的方法途径完整、适宜	5			
	《家长助教活动设计表》完整、适宜	10			
	家长与婴幼儿提前交流用语设计得亲切得当	5			
	教师配合家长开展内容归纳完整、创新	5			
	家长助教活动肯定与激励语言设计得适宜、有针对性	5			
	《家长助教活动反思总结表》有创新	5			
	小组分工明确，配合得当	10			
	体现尊重和服务家长的意识	10			
总分		100			

⊙ 任务三　开展亲子活动

■ 任务背景

橙汁宝贝托育机构近期将举行班级亲子活动，你是托大1班的主班教师，接到教研组长的任务，请你组织本班的配班教师、保育员一起研讨。

要求：请你根据任务情境，收集亲子活动的内容与方法等相关内容，和团队成员共同制订亲子活动方案并模拟实施。

▌任务目标

1. 能说出亲子活动的含义与意义、内容与形式。
2. 能制订亲子活动方案并组织实施。
3. 树立尊重和服务家长的意识，培养团队合作的能力。

✓ 任务实施

————— 步骤一　知识梳理 —————

一、亲子活动的含义与意义

（一）亲子活动的含义

一般意义上的亲子活动是根据教育对象的成长特点和需要，在专业人员指导下，由儿童和他们的父母或看护者共同参与的一项具有指导性、互动性的活动，活动的主体是儿童和家长。而托育机构的亲子活动一般是由教师发起，教师、家长和婴幼儿三方共同参与的活动，它是家园共育的重要途径和组织形式。

教师通过指导与示范，教会家长开展具有良性互动的亲子游戏和学习活动，观察并了解孩子，进而将活动延伸至家庭。亲子活动可以是集体活动，也可以是自由分散的个别活动。除此之外，托育机构还会举行全园性的大型集体亲子活动。亲子活动不仅具有现场示范性和指导性，在婴幼儿教养上更具有实践性，通过现场的"教、学、做"，使家长获得教养孩子的实践知识和能力。

托育机构组织的亲子活动与家庭中的亲子活动有所不同。托育机构中的亲子活动有其他家庭和婴幼儿的参与，有竞争、有合作，更能激起家长和婴幼儿的活动热情。家长还可以在托育机构的亲子活动中了解到其他家庭的亲子交往模式，了解到自家孩子在集体中的表现等，这些都有利于家长积极改善自己的家庭教育方式。

（二）亲子活动的意义

1. 提高家长科学育儿能力，促进家园合作

在亲子活动中，教师边示范、边讲解，向家长传播正确的育儿观念，展示最新的育儿方法，指导家长和婴幼儿开展富含发展意义和情趣的亲子活动。家长在教师的引领和指导下，发现自己的问题，认识自己的不足，了解婴幼儿身心的发展规律和特点，学习科学、有效的教养方法，将所得方法运用到家庭日常的亲子活动中，使日常的亲子互动成为科学育儿的过程。亲子活动可以促进家长的认同感和合作心，达到家园一致的理想教育理念。

2. 提高婴幼儿各方面能力，促进全面发展

亲子活动可以促进婴幼儿语言、认知、情绪情感、社会性等方面的发展。0～3岁婴幼儿能力的发展是在与成人的交往协助下，通过一系列实物操作和游戏活动，在与人、物的交互作用中实际操作、亲身体验，从而获得发展。亲子活动的安排，既有游戏活动，又有学习活动。经过教师精心设计的亲子活动，能有效促进婴幼儿对周围的认知，学习与他人相处，学习社会规则、词汇句式等。

3. 增加亲子交往机会，促进亲子情感发展

和谐的亲子关系、良好的依恋关系是在亲子互动中形成的。这就需要亲子之间有高质量的亲子活动作为互动的载体。亲子活动是亲子交往的良好方式，它可以有效地满足婴幼儿的多种需要，建立良好的亲情关系。家长可以在亲子活动中通过语言、手势、表情、动作等与婴幼儿进行面对面的近距离交流，满足婴幼儿的安全需要、归属和爱的需要，发展良好的依恋关系。

二、亲子活动的内容与形式

（一）亲子活动的内容

1. 亲子手工制作活动

亲子手工制作活动的主题可以从课程中来，也可以围绕节日进行。婴幼儿年龄较小，难以独立完成一些有难度的手工制作活动，需要家长的帮助。比如元宵节做汤圆（搓圆）、给狮子美发（撕纸条）等。

> 🔗 **案例分享**
>
> **给小猫送鱼**
>
> **适合年龄段：** 托大班。
>
> **活动目标：** 锻炼"撕、贴、按"的动作技能，发展手眼协调能力；掌握小猫爱吃鱼的常识。
>
> **家长指导目标：** 了解锻炼孩子动作技能的重要性，掌握亲子互动的方法。

活动准备：画有小猫和鱼池的画纸（人手一份），彩色粘贴纸，剪刀。

活动过程：

1.教师出示画有小猫和鱼池的画纸，创设活动情境，激发婴幼儿操作的兴趣。（活动情境：小猫捂着肚子"哎哟、哎哟"直叫，说"我的肚子好饿啊，我的鱼池里一条鱼也没有，都两天没吃鱼了"。）

2.教师用彩色粘贴纸剪一条小鱼，然后示范"撕、贴、按"的动作。将小鱼贴在小猫的鱼池里。

3.教师分发绘本，并说"给你"；婴幼儿上前领取，并说"谢谢"。

4.家长和婴幼儿一起完成操作活动"给小猫送鱼"：家长用彩色粘贴纸剪出不同颜色、不同形状的小鱼，由婴幼儿"撕、贴、按"，将小鱼贴在小猫的鱼池里。

5.家长和婴幼儿完成作品之后，请他们把作品贴在移动小黑板上，然后和婴幼儿一起欣赏他人的作品。

6.活动结束后，将作品放进婴幼儿的成长档案袋。

家长指导：

1.这个活动主要是促进婴幼儿手部小肌肉群的发展，锻炼"撕、贴、按"的动作技能，促进婴幼儿的手眼协调能力发展。

2.活动中家长要及时用语言和肢体动作鼓励、肯定婴幼儿的操作。

3.操作过程中，如果家长剪的鱼很小，婴幼儿不好撕开，家长应酌情给予帮助。

4.生活中，家长应当让婴幼儿多动手，自己吃饭、自己穿脱衣服和鞋袜，培养婴幼儿的自理能力。

2.亲子游戏

游戏是婴幼儿活动的基本形式，亲子游戏的种类有很多，包括角色游戏、音乐游戏、智力游戏、表演游戏、结构游戏、运动游戏等，这里主要指最为常见的亲子运动游戏。运动游戏便于家长和婴幼儿同时参加，且教师容易组织。活泼有趣的亲子游戏，使家长能带着一颗童心走进孩子们的心灵世界，在游戏过程中增强婴幼儿与同伴、家长与家长、家庭与托育机构之间的互动，使婴幼儿和家长感受游戏的愉悦，体验亲子情感，促进亲子沟通。如"袋鼠跳""抱大树""捉尾巴"等亲子游戏。

案例分享

推大龙球

适合年龄段：托小班。

活动目标：练习双手配合和推球行走，锻炼腿部力量。

家长指导目标：掌握引导孩子推球走的方法，了解活动延伸的方式。

活动准备：每人一个触觉球。

活动过程：

1. 教师出示触觉球，逐一滚到婴幼儿和家长面前，引导他们用手摸一摸、按一按、拍一拍。最后由教师通过拍打、按压、摇滚，展示触觉球的特性。

2. 教师示范双手交替推触觉球往前走。教师找一个婴幼儿一起来推触觉球，教师和婴幼儿双手扶住触觉球，然后双手交替向前推球走。当婴幼儿熟悉玩法后，可让其单独推球走，并配合儿歌进行："触觉球，大又大，圆又圆；小宝宝，推一推，滚一滚；球球欢，宝宝乐，大家一起笑呵呵。"

3. 每位婴幼儿领取一个触觉球，家长和婴幼儿一起玩推球。

家长指导：

1. 婴幼儿拿到球之后，家长先观察婴幼儿的行为：是动手推球，还是玩别的；会不会推球，动作是否正确？观察之后，针对婴幼儿的行为进行引导。

2. 刚开始推球时，稍微帮助婴幼儿控制球滚动的速度，一开始不要太快；开始要推动球的时候，如果婴幼儿力量不够，要稍用力协助婴幼儿把球滚动起来。

3. 婴幼儿能自如地双手交替推球走后，可以引导其滚球倒退走。

4. 日常在家中，可以利用一些生活用品，引导婴幼儿推物向前走，如大圆桶、纸箱等。一般圆的、与手齐高的物体比较容易推。

5. 婴幼儿能推物走之后，可以结合生活情境，引导其端着东西走。

3. 亲子节日活动

亲子活动与节日活动相结合，让婴幼儿感受传统节日的氛围，比如端午节、中秋节、元宵节等。亲子节日活动是围绕节日主题开展的亲子活动，可以是语言故事类、手工操作类、运动动作类等。

4. 亲子社区实践活动

随着在托育机构教育中充分利用家长资源与社区资源，亲子社区实践活动逐渐丰富起来，成为托育机构亲子活动的重要形式之一。所谓亲子社区实践，即教师组织婴幼儿和家长共同走进社区，进行社会实践活动。这类活动多为公益性质的活动，如公益宣传活动、爱心捐赠活动、公益劳动、公益表演等。

　　亲子社区实践活动同时也可以和节日相结合。例如：雷锋日，组织婴幼儿和家长走进社区，为社区中的独居老人送温暖；世界水日，婴幼儿和家长共同进行节水宣传；植树节，婴幼儿和家长一起将准备好的树苗栽到指定地点；重阳节，婴幼儿和家长走进老人院，为老人们献一份爱心；等等。通过亲子社区实践活动，婴幼儿可以更加深刻地理解这些节日的含义，培养爱心和社会责任感。

🔗 案例分享

参观敬老院活动方案

一、活动目标

　　1.帮助婴幼儿初步了解有关重阳节的知识，知道重阳节是我国特有的传统节日。

　　2.促使婴幼儿乐意用自己的方式表达对爷爷、奶奶的爱，培养他们爱老人的情感。

　　3.提高婴幼儿的社会交往能力和口语表达能力。

二、活动准备

　　1.教师联系好要参观的敬老院。

　　2.教师为婴幼儿准备好调查表格，如表1所示，让婴幼儿用图画或文字的方式来记录。

表1　调查表（活动前完成）

你的爷爷、奶奶年轻时是做什么工作的？有些什么本领？	
现在爷爷、奶奶年纪大了，他们有哪些困难？	
爷爷、奶奶平时会为我们做些什么？	
我们能做些什么事让爷爷、奶奶高兴？	

　　小结：爷爷、奶奶很辛苦，也很了不起，我们要尊敬他们。

　　3.教师和婴幼儿一起准备康乃馨和贺卡。

　　4.教师准备好重阳糕。

三、活动过程

　　1.教师带领婴幼儿来到敬老院门口，向婴幼儿介绍敬老院的名称、标志。

　　2.教师带领婴幼儿走进敬老院，鼓励婴幼儿与工作人员、爷爷、奶奶打招呼，说礼教用语。

　　3.教师和婴幼儿一起跟随工作人员参观敬老院，看看爷爷、奶奶的居住环境和生活安排。

4.教师鼓励婴幼儿与爷爷、奶奶交流，培养婴幼儿关爱老人的情感。

（1）和爷爷、奶奶谈谈心，完成调查表（见表2）。

表2　调查表（活动中完成）

某位爷爷或奶奶的年纪	
某位爷爷或奶奶最喜欢吃的东西	
某位爷爷或奶奶的兴趣爱好	
某位爷爷或奶奶最想让我为他（她）做的一件事	

教师引导婴幼儿大胆地与周围的爷爷、奶奶打招呼，主动为爷爷、奶奶做一件开心的事（如帮爷爷、奶奶捶捶背、捶捶腿，唱首歌，送康乃馨或贺卡），提醒婴幼儿完成调查表。

（2）听爷爷、奶奶讲故事。

（3）为爷爷、奶奶表演节目。

（4）给爷爷、奶奶喂重阳糕。

（5）向爷爷、奶奶说一两句祝福的话。

（6）向爷爷、奶奶及工作人员致谢、道别。

5.利用环境资源的亲子活动

利用环境资源的亲子活动包括郊游远足和参观。我们生活的地方有很多环境资源，特别是风景、名胜、展览馆、公园等，在这些环境中可以开展很多有意义的亲子活动。在风景区里，可以进行发现动植物的活动，登山、徒步等运动活动，探宝寻秘的游戏活动等；在展览馆里，孩子们会有许多新的发现、认知，可以开阔视野。

这些亲子活动由于有教师的介入指导，从原来的无目的、无序变为有目的、有计划、有针对性地开展。教师还要有意识地帮助家长捕捉身边的教育契机，让家长们感受到这些活动与单纯外出游玩的不同之处，体会到对孩子的教育既不是高深莫测的，也不是呆板生硬的，它就存在于孩子生活的每一个细节之中。充分挖掘环境的教育资源，让孩子在真实、自然的环境中接受适合的教育，同时也让家长亲身感受到身边处处是教育。郊游活动不仅能让亲子关系、师幼关系更加密切、和谐，更能促进婴幼儿身心健康和谐发展，也使家园沟通更加顺畅，深受家长们欢迎。

🔗 **案例分享**

参观长风公园活动方案

一、活动目标

1. 引导婴幼儿认识长风公园的主要景点，鼓励婴幼儿在大草坪上玩耍，培养婴幼儿喜爱到公园游玩的情感。

2. 促使家长意识到长风公园也是教育婴幼儿的重要场所，学会运用不同的公园等场所，促进婴幼儿的快乐成长。

二、活动准备

1. 教师在网上寻找有关长风公园的信息，了解它的地理位置、交通情况、开放时间、进出口、主要景点等。

2. 教师先去长风公园实地观看，和工作人员预约、商讨带婴幼儿来游览的事情，争取工作人员的支持和配合。

3. 教师通过接送交流、家长园地、QQ 群、微信群等方式，邀请家长参加长风公园的游玩活动，并帮助照看婴幼儿。

4. 教师告诉婴幼儿将要去长风公园游玩，提醒婴幼儿记得穿上运动鞋，带上外出用品和画板、照相机，以便随时记录、拍照。

三、活动过程

（一）走到公园

1. 教师和家长带领婴幼儿走出园门，提醒婴幼儿要注意交通安全，要走人行道；过马路时要看交通灯，要走斑马线。

2. 教师和家长引导婴幼儿站在长风公园的大门口，仔细观看公园的名称及大门的造型。

（二）进入公园

1. 教师和家长带领婴幼儿走进长风公园，启发婴幼儿寻找公园的"示意图"。

2. 教师和家长指导婴幼儿观察"长风公园·长风海洋世界 AAAA 级景区示意图"，给婴幼儿讲一讲《上海市公园管理条例》"便民措施""开放时间""公共服务热线"，要求婴幼儿文明游园，做个文明的小游客；让婴幼儿找一找现在所处的位置、公园各个景点的位置；让婴幼儿说一说先想去哪里看看、玩玩。

3. 教师和家长带领婴幼儿在长风公园里的各个主要景点走一走、看一看、认一认、说一说、画一画、拍一拍。

4. 教师和家长带领婴幼儿在长风公园里的大草坪上坐下来，休息一下；躺在草地上，晒晒太阳；唱唱歌，跳跳舞，做做游戏。

（三）离开公园

1. 教师和家长带领婴幼儿从长风公园的另一个大门走出去，回到托育机构，使婴幼儿感受"条条大路通罗马"。

2. 教师和家长引导婴幼儿边走边说参观长风公园的见闻和感想，说说有哪些地方好玩。

四、活动延伸

1. 教师在班级的建筑区里投放多种废旧物品，如大纸板箱、大塑料架、盆景、娃娃，以激发婴幼儿搭建"公园"的兴趣。

2. 教师和家长在班级的科学区里增加几盆花草，指导婴幼儿进行观察记录。

3. 教师和家长带领婴幼儿在班级的种植园地里种花、种菜、浇水、除草。

（二）亲子活动的形式

1. 一般活动形式

一般课堂教学形式的亲子活动是托育机构常见的亲子活动形式，以教师预设为好的活动内容为主，婴幼儿和家长跟随教师的活动设计安排进行学习，活动结构性较高。这种形式的亲子活动一般为集体活动，分为小型集体亲子活动和大型集体亲子活动。

小型集体亲子活动因面对的对象和教育模式不同，不像托育机构的集体教学活动（一般有 30 位左右的婴幼儿参与），一般每次活动不超过 12 对（以 8～10 对为宜）婴幼儿和家长参加，婴幼儿年龄相差不超过 6 个月（以相差 3 个月为宜），时间为半小时左右。教师事先根据不同婴幼儿的发展需求安排活动内容并准备活动材料，教师一对多开展指导，带领家长进行亲子活动。

大型集体亲子活动一般会根据当地的风俗习惯、地域文化、社区活动、节假日等开展，每学期开展两三次大型的、全园性的集体亲子活动，如"'六一'亲子活动""春季亲子踏青游玩活动""我和樱花有个约会""三月桃花节""金秋芦柑采摘活动"等。

2. 项目化活动形式

所谓"项目化"，就是将活动内容确定为一个事件、一项工作，围绕这个事件、工作完成的整个过程去组织开展活动，而需要完成的这个事件、工作就是"项目"。亲子活动可以以一个项目活动作为一个阶段的多次活动内容，一个时期内只体验一个项目，完成后再寻找并商议大家感兴趣的新项目。项目来自婴幼儿和家长的兴趣、家长的职业专长等，活动的主导者是婴幼儿和家长，教师作为协助者。

案例分享

项目化亲子活动部分清单

项目化活动来源类别	可开展的项目化活动预设	项目的分解活动
生活体验类项目	食物的制作	对食物的调查、食材的购买、食物的制作、食物的品尝、食物的来源等进行实地考察（如去田野里认识麦子）
	创意服装秀	我的衣服展示会、逛逛服装店、参观缝纫厂、废旧材料的亲子创意制作、观看时装发布会、我和爸爸妈妈的创意服装秀
	……	……
文化体验类项目	清明节	寻找春天、都江堰放水活动、到野外采摘青蒿、制作青团、感受诗歌、我们的诗会、访风筝艺人、制作风筝、放风筝活动
	陶泥制作	参观三星堆或成都展览馆、写生活动、摄影活动、参观陶瓷作坊、陶土制作体验、小型发布会
	……	……
自然探究性项目	种植蔬菜	参观农场或蔬菜基地、自然科学类图书阅读、购买蔬菜种子或蔬菜苗、找一块"我的菜地"、开展种植活动、认养标志的制作、照顾蔬菜、采摘蔬菜、制作菜食
	寻找春天	郊游活动、写生活动、春天的诗歌活动、"五彩缤纷的花"摄影活动、"我找到的春天"作品展览会
	……	……

三、亲子活动的组织实施

（一）确定亲子活动的主题，拟定亲子活动的方案

1. 根据家长的兴趣确定亲子活动的主题

　　教师可以通过问卷调查，了解家长愿意参加的亲子活动主题，形成本学期的亲子活动清单，做好学期的亲子活动安排计划。教师在设计亲子活动时，应考虑并尊重家长的意愿，以民主、平等的态度对待家长，了解他们对活动的需要，共同商讨亲子活动方案。

2. 根据确定的主题设计亲子活动方案

（1）活动开始前不可缺少热身。所谓热身，即有效调动家长及婴幼儿的情绪。例如，活动开始前来个点名活动，或者抛出一个有趣的开放性问题，或者玩个简单的游戏，或者播放好听的音乐等，使家长和婴幼儿对活动产生兴趣，更快地进入活动状态。

（2）活动设计动静结合，集中与分散并存。一般情况下，活动内容不要安排太多，环节转换不要过于频繁，大运动量的活动与安静的活动要穿插进行。由于婴幼儿年龄小，要安排适当的放松和休息环节，可以安排一些喝水、如厕、自由活动的环节。在分散活动中开展个别指导，与家长进行一对一、面对面的交流。

（3）活动设计重视趣味性。教师在拟定亲子活动方案时，一定要考虑婴幼儿的年龄特点、性别特点和个性特点，努力使各种亲子活动走向科学化、生活化、游戏化、音乐化、亲情化，以吸引家长和婴幼儿积极参与，促进婴幼儿在玩中学习、成长。

（二）做好环境及材料准备

教师、家长、婴幼儿一起根据活动方案准备物质材料。

如果是在托育机构里开展的活动，需要布置环境，张贴与活动主题相关的图片、婴幼儿作品等。尤其是在活动区，家长要提供与活动相关的材料，和婴幼儿一起营造气氛、感受快乐。

如果是在非托育机构场所开展活动，需要提前视察环境，根据活动内容布置活动场所，包括张贴活动海报、确定活动物品的摆放位置等，尤其是涉及到食品的摆放，需要注重环境卫生、安全。

（三）做好亲子活动宣传通知

亲子活动前的宣传准备对于活动的最终效果起着至关重要的作用。教师要让家长了解活动的目的以及活动对于婴幼儿发展的意义。同时，家长要知晓活动的内容安排，如时间、地点、需要带的物品等，避免在活动过程中出现混乱。

亲子活动不是托育机构半日活动，虽然大多安排在双休日，但有的家庭可能会有其他安排，有的家长需要加班，或是活动对于家长的吸引力不大，参与度低。怎样做好活动的宣传工作呢？首先，亲子活动的时间一定要提前 2～3 周确定，让家长能根据活动时间安排好工作和家庭生活的内容。随后的宣传工作可以从以下三个方面着手。

1. 婴幼儿的宣传

教师可以提前将活动的内容、地点等告诉婴幼儿，激起他们参与的愿望，再请他们回家邀请家长积极参加。

2. 教师的宣传

在家园共育栏、微信群、QQ群中及时提供与活动有关的知识、信息，告知活动的准备情况，以便家长及时提供帮助，出谋划策。

3. 家长的宣传

家长委员会成员和部分参与活动的家长一起商讨活动方案，并将活动方案告知各位家长。

宣传的作用不仅仅是号召大家参与，而且也提前让每一位参与人员了解活动的详细过程并做好准备，这样活动的参与度更高、活动效果也更好。

🔗 案例分享

"童心向党，快乐成长"亲子活动

亲爱的小朋友们和家长们：

你们好！

在阳光灿烂的夏日，我们迎来了属于孩子们的节日——六一国际儿童节，为了让孩子们和家长们度过一个愉快而又有意义的节日，我们特意邀请您参加本次"童心向党，快乐成长"亲子活动，让我们与孩子一起手拉手，感受他们的童真童趣。期待您的参与，更感谢您的积极配合！让我们共同留住精彩瞬间，留下美好回忆！

时间：202×年×月×日

　　　8:40 上午签到

　　　9:00 正式开始

　　　13:40 下午签到

　　　14:00 正式开始

地点：托育机构操场

期待你们的到来！

（四）组织实施亲子活动

1. 重视要求性

要求在前、监督在后。教师在活动前一定要清楚细致地提出要求，同时，在活动过程中要注意引导家长观察婴幼儿的活动情况，避免包办代替，防止急躁情绪。教师引导家长积极鼓励婴幼儿完成任务，尊重婴幼儿的差异，体验、指导婴幼儿学习的过程和方法。每一次活动都要求家长和婴幼儿一起收放活动材料、收拾场地，告诉家长这也是很重要的养成教育过程。

2. 重视指导性

教师在开展亲子活动时，不仅要提供活动的材料、掌控活动的进程，而且还要给予家长和婴幼儿一定的指导和帮助，使他们知道亲子活动应该如何进行下去，才能取得最大的效益。教师在组织亲子活动时，应注意发挥家长的作用，帮助家长适时从配角转换为主角，从幕后走向台前，不仅参与活动，还要主持活动、评价活动，通过自身的发展来带动孩子的成长。

3. 重视互动性

教师在组织亲子活动时，一定要为家长和婴幼儿提供足够的互动时间、宽广的互动空间、丰富的互动材料、愉快的互动氛围，通过广泛而深入的双向互动，促进婴幼儿在体力、认知、语言、情感、社会性、审美能力上的全面发展。教师在活动中要引导家长关注婴幼儿的成长变化，适当安排家长之间的交流，让他们对家庭教育充满信心，同时对婴幼儿的发展有更充分的认识和理解。

4. 重视独立性

教师在进行亲子活动时，一定要提醒家长注意培养婴幼儿的独立性，相信孩子，放手让孩子去做，给孩子提供更多的锻炼机会，让其体验到成功的乐趣，以促进其人格的健全发展。

（五）亲子活动反思与总结

活动结束时，组织者不仅要小结当天的活动情况，邀请家长填写亲子活动反馈表，同时也要对家长提出回家后的要求，以便把亲子活动的指导向家庭延伸，更好地实现亲子活动的目标，使家长的教育能力不断提高。

四、职业规范与注意事项

（一）保障经费的来源与使用

无论是什么形式的亲子活动，都需要一定费用的支出，这些费用需要家长共同承担。在家长委员会中要有一位家长专门负责经费的管理，这就是家长委员会的"会计"。经费的筹集通常有两种方式：一种是事先算好每家需要交的费用，包括门票、车费等，提前收取；或是由一位家长先行垫付，活动后再向每家收取。还有一种方式是每学期或每学年先向每个家庭收取一定数额的资金作为班费，由家长委员会的会计保管，需要资金的时候，就从这里支出，仔细做好支出项目的发票、收据的管理工作，做到每一笔账目清清楚楚，每学期在班级门口公布经费使用的情况和明细。这种做法能减少每次收费找零的烦琐，又可以在举办活动时量力而行、量体裁衣。

在经费使用过程中要注意合理节约使用，教师不能因为是家长掏钱，就不注重节俭。活动策划过程中要考虑到每一个家庭的经济承受能力，尽量举办一些经济实惠的活动。

（二）拟定细节的落实与操作

活动的成功离不开精心的设计。组织者在活动设计、实地勘查、材料准备、落实安排等方面都要到位，才能够保证在活动中不出意外或少出意外。每一个活动都是由多个环节组成的，环节中的衔接、场地的转换既要组织者心中有数，也需要参与活动的人员理解并执行。教师的精力是有限的，不能同时顾及多方，所以需要一些家长助理协调完成。前期要召开亲子活动小组协调会议，商讨活动步骤和细节安排，并将各方面的内容交由专人负责。大家齐心协力，为活动的顺利开展添砖加瓦，共尽其力。

（三）记录共同的收获和欢乐

活动中，当每一个人都受到尊重与重视，就会激起强烈的内驱力并展示自我、积极参与。当活动的策划、准备、组织中都有自己的心血，对活动的认识就不仅仅停留在表面的参与了。记录活动过程是盘点收获与回忆欢乐的重要手段，活动准备时，确定拍照、摄像人员是很重要的部分。相机记录下欢乐的瞬间，摄像捕捉每一个细节，活动结束以后将这些照片、视频发送到班级论坛上，大家一起回味、评论，重温精彩画面，盘点收获与欢乐。

（四）注重材料的回收与循环使用

每举行一次隆重的亲子活动，都有可能需要购买、制作很多的物品。教师要注意材料的回收与再利用，这样既经济又环保。例如，前一年过元旦购买的泡沫雪花片、彩条、彩灯等，要保存完好，留到第二年时再拿出来用，也可以循环给别的班级用。一个班级就像一个家庭，教师就像家长，对这个家庭的生活各方面进行梳理、指导。教师的节约原则能渐渐地感染婴幼儿。

（五）建设积极的班风与团队

一个班级的风气是靠平时的活动不断积累获得的。亲子活动是大家沟通交流、熟悉团结的平台，也是建设积极的班风与团队的助推器。每一位教师都渴望得到家长的配合和理解，每一位家长也渴望得到教师的关注与赞扬。平时教师会观察家长的特点，了解家长的特长，每次活动，教师就会根据家长的特点来轮流选择筹备小组的成员，让所有家长都感受到教师的重视与信任。每一个家庭不是简单的参与者，而是活动的主人，为活动所做的工作不仅仅是为了自己小家，更是为了班级大家庭。活动结束后，教师要在"家长园地"或论坛中对积极出力、作出贡献的家长给予表扬，这样能让有所付出的家长感受到温暖，让每一位家长了解该努力的方向。

====== 步骤二　任务实训 ======

一、任务分组

学生任务分配表

班级			组名		
组长		学号		指导教师	
组员					
姓名	学号	姓名	学号	姓名	学号
任务分工：					

二、设计亲子活动方案

1. 设计调查问卷：《亲子活动参加意愿表》

2. 制作亲子活动学期清单（扫二维码观看参考案例）

项目化亲子活动春学期部分清单

3. 任选一个节日主题，撰写亲子活动方案（扫二维码观看参考案例）

参观敬老院活动方案

4. 罗列环境及材料准备清单

5. 制作宣传通知及海报

续表

6. 归纳教师组织该活动过程的要点
7. 设计活动小结语
8. 设计家长填写的《亲子活动反馈表》
9. 撰写亲子活动实施反思与总结

三、模拟组织实施

1. 请学习小组根据本组撰写的亲子活动方案，进行小组汇报与小组互评。
2. 小组分角色模拟组织实施亲子活动，进行小组互评。

四、任务实施总结

1. 通过完成上述任务，你学到了哪些知识或技能？

2. 遇到的问题及解决措施

3. 个人体会

签名：

日期：　　年　月　日

五、拓展实践

以小组为单位，调查本地托育机构开展亲子活动的情况，调查内容建议如下：

1. 该园所亲子活动的主题与形式有哪些？

2. 选择一个托班，尝试为其设计一份以参观当地博物馆为主题的亲子活动方案。

━━━━━━ **步骤三　思考提升** ━━━━━━

1. 亲子活动的内容有哪些？
2. 亲子活动的形式有哪些？
3. 亲子活动的组织过程中要重视什么？
4. 亲子活动的实施过程中要注意什么？

━━━━━━ **步骤四　任务评价** ━━━━━━

评价内容	评价标准	分值	小组自评	他组评分	教师评分
亲子活动的含义与意义	能说出亲子活动的含义	5			
	能说出亲子活动的意义	5			
亲子活动的内容与形式	能说出亲子活动的内容	5			
	能说出亲子活动的形式	5			
亲子活动的组织实施	能说出亲子活动的组织实施过程	5			
亲子活动方案的设计与实施	亲子活动参加意愿调查问卷设计考虑充分	5			
	亲子活动学期清单有主线	5			
	亲子活动方案设计符合动静结合、趣味性、婴幼儿与家长主体性	5			
	环境及材料清单准备罗列考虑周全细致	5			
	宣传通知说明清楚，海报美观大方、内容完整	5			
	教师组织该活动过程的要点归纳完整周全	5			
	活动小结语设计得适宜有针对性、有感染力，体现家园共育	5			
	《亲子活动反馈表》设计考虑周全、有创新	5			
	小组分工明确，配合得当	10			
	体现尊重和服务家长的意识	10			
	模拟亲子活动实施体现要求性、指导性、互动性和独立性	15			
总分		100			

任务四　开展家园互动式研讨会

任务背景

　　橙汁宝贝托育机构近期将举行班级家园互动式研讨会，你是托大 1 班的主班教师，接到教研组长的任务，请你组织本班的配班教师、保育员一起研讨。

　　要求：请你根据任务情境，学习家园互动式研讨会的内容与方法等相关内容，和团队成员共同制订家园互动式研讨会方案并模拟实施。

任务目标

　　1. 能说出家园互动式研讨会的含义与意义、内容与形式。
　　2. 能制订家园互动式研讨会方案，并模拟组织家园互动式研讨会。
　　3. 树立尊重和服务家长的意识，培养团队合作的能力。

任务实施

步骤一　知识梳理

一、家园互动式研讨会的含义与意义

（一）家园互动式研讨会的含义

　　家园互动式研讨会是针对婴幼儿的发展特点和行为表现、婴幼儿发展中的问题以及家长在教育孩子的过程中的困惑，通过教师的精心安排和组织，开展的家园互动式研讨活动。

　　家园互动式研讨会的类型是多种多样的，从会议受众面可以分为：集体研讨会、小组研讨会、个别研讨会；从参会对象可以分为：父亲研讨会、母亲研讨会、祖辈研讨会、教养人研讨会。会议的主持人可以是教师、保健医生、托育机构教育管理人员、某一方面有成功经验的家长、专家等。

　　家园互动式研讨会的突出特点是以家长为活动的主体，教师在活动中起到引发、引导、梳理的作用，通过问题的提出、探究、讨论等，使教师与家长共同得出一致认同的教育观点和问题解决方法。

（二）家园互动式研讨会的意义

　　家园互动式研讨会的意义在于达成教育共识，发挥家园双方的教育优势，合力解决教育中的问题，拓宽教育思路，提高教育水平，提高家长的参与能力，增进家长之间的了解和互动，促进家长相互学习，共同提高家庭教育水平。

二、家园互动式研讨会的内容与形式

（一）家园互动式研讨会的内容

一般来说，家园互动式研讨会的内容可以由教师根据教学主题、婴幼儿的发展情况等来定，也可以提前向家长发放问卷，了解家长最想讨论的问题，选取其中较有集体讨论价值的内容作为主题。

1. 部分家长的共同话题

当某些家长或某几位家长对自己孩子的问题比较担忧，又苦于没有好的方法解决时，教师可以有针对性地介绍相关的育儿教育理论，或者请在这方面较有经验的家长到研讨会上进行经验介绍，让研讨会真正成为家长交流经验、解决问题的平台。

2. 引领各年龄段婴幼儿发展的内容

各年龄段婴幼儿的家长都有一些共同的担忧，都希望在孩子发展的每一个阶段都得到教师的引领。作为教师，要在婴幼儿的每一个阶段，围绕家长担心的一些问题召开研讨会，起到引领、解惑的作用。如新生入托适应问题、排便习惯培养问题、自主进餐问题等。

3. 及时生成的主题

教师在日常教育以及与家长的交流中，要注意观察婴幼儿在园的表现以及与家长谈话时出现的问题，把婴幼儿和家长的问题进行分类筛选，将其中较集中的一些问题，不断地生成为有针对性的研讨会主题。

例如托班上学期第一个月的研讨会内容，教师就可以根据开学以来婴幼儿的整体状态，事先拟定一个话题，如培养婴幼儿良好的进餐习惯。然后通知全体家长，并邀请对此话题感兴趣的家长主动报名参加。教师可以对报名的家长进行选择，既可以是爸爸妈妈，也可以是爷爷奶奶。开会时，教师可以先让爸爸妈妈说说自己的想法，对老人的要求是什么，接着让爷爷奶奶们说说他们对爸爸妈妈们的要求。这种方式能够让祖辈们冷静地听取子女们的意见，利于他们站在对方的角度去理解问题，让双方明确大家共同的出发点是为了让孩子发展得更好，从而回家后能够主动地转变教养观念并改善行为。

4. 连续跟踪的专题

每个托育机构在学期中或学年中都会组织全园性的专家讲座、班级开放日活动和专题研讨活动，这些活动的效果如何、家长对此还有哪些新的要求和思考等，教师都可以组织部分家长召开研讨会对此进行讨论。

5. 向家长征集话题

当教师不确定讨论会的话题时，可以在开学初或召开研讨会前，用征集话题和征集参与研讨人员的方式，来获取家长们感兴趣的话题。可以为此专门设计调查问卷，也可以以"一线通"的方式向家长们征集。家长们往往会从自己的角度出发，提出很多个性化的问题。教师可以将家长们提出的问题进行分析、归类，选择一些有代表性或共性的问题，作为研讨会的话题。也可以为帮助家长解决个别孩子的问题，专门展开研讨。总的来说，向家长征集话题针对性较强，解决问题的策略也具有较强的实效性和鲜活性，能够起到立竿见影的效果。

6. 定期的家长经验分享

很多家长非常注重家庭教育，也积累了很多教育孩子的方法。让他们做研讨会的主角来介绍个人的育儿经验，与其他家长分享自己的育儿心得，对于其他家长来说，经验鲜活，方法具体，易于移植。

案例分享

有一位家长说："孩子每次吃药，都是全家人最头痛的事情，不知有什么好办法。"于是，教师发出邀请，请对此有经验的家长和有同样问题的家长来参加研讨会。在会上，很多家长积极主动地分享了关于让孩子主动吃药的方法。

一位妈妈说："我与女儿玩扮演游戏。我假装生病但不吃药、打针，同时还表现出身体特别难受的样子，女儿立即将我平时教育她的话以及医生的话说给我听。我就利用此机会和她达成协议，不论谁生病，都要按照医生的话吃药、打针，将病快快医好。以后，女儿只要一生病，都是主动要求吃药、打针。"

一位爸爸讲："我们家平时在其他事情上，允许孩子撒娇，但是吃药这件事，全家上下一条心，绝不退让。孩子第一次不吃药，对着妈妈大发脾气时，妈妈要坚持，跑到爸爸处，爸爸也要坚持，躲到最宠爱他的奶奶那儿，奶奶也不帮他，最后，他只好吃了。这样他就知道，对于吃药这件事，是没有商量的余地的，全家没有一个人会让步。所以，只要他生病，就会乖乖地吃药。"

班级中的某几位家长特别有教育技巧和经验，给了其他家长极大的启发，同时对于还没有遇到这类困惑的家长也起到了提醒的作用。

（二）家园互动式研讨会的形式

1. 分享式研讨会

这种形式的研讨会主要是请家长将自己在教育孩子过程中的经验、心得介绍给大家，从而使更多的家长能够借鉴、学习，并在实践中灵活运用，促进婴幼儿发展。有教育者曾说，中国教育资源的最大浪费和流失是家长的教育经验。分享式研讨会恰恰使家长的教育经验得以展示、传递、分享。

分享式研讨会具有互动性特点，适合作为学期初的家园活动。一般首先结合婴幼儿发展的重要时期和关键时期，在园观察婴幼儿的表现，收集相关文字和音像资料。然后与家长交流，收集典型事例，提升、协商发言重点。接着与主持的家长备课，制订详细的会议计划，发布公告，使参会家长做好各方面的准备。最后，召开研讨会并收集、听取反馈意见。

2. 解答式研讨会

这种形式主要是根据家长在教育孩子过程中出现的困惑而采取的向家长、教师、专家等提问并获得解答的研讨形式。

解答式研讨会具有应急性、随机性的特点，一般为临时性研讨会，随时对家长在教育孩子过程中出现的问题进行收集、整理并给予解答，有立竿见影的效果。

教师要善于发现家长的困惑、问题，寻求相关人员的参与、解答，这是家长参与家园共育的一个重要渠道。因此，这种研讨会最后的成效是双赢的。

案例分享

孩子感冒了能上托育机构吗？

随着春季的到来，各种传染病悄然而至。孩子得了感冒，家长紧张得不得了。家长看到有的孩子得了感冒仍在上托育机构，唯恐被传染上，就不敢让自己的孩子上托育机构了，班级（尤其是小班、托班）的出勤率急剧下降。

教师及时发现了问题，找到保健医生，提出了家长的疑问：孩子感冒了还能上托育机构吗？感冒是通过接触传染的，生病的孩子摸过的东西，其他孩子又摸了，怎么办？托育机构里的玩具这么多，每周都消毒恐怕做不到！班里的温度我们体会不到，不知道给孩子穿什么衣服等。

教师和保健医生将家长的问题一一列出，同时找出自己工作的不足之处，并提出了相应的解决措施。最后，教师以"春季如何预防传染病"为主题发布了研讨会的预告。

会上，保健医生就"孩子感冒了能上托育机构吗？"为题，向家长介绍了感冒与流感的区别，并告诉家长如何预防春季流感，使他们明白轻微的感冒不影响婴幼儿上托育机构。除此之外，保健医生还就家长关心的消毒问题介绍了托育机构的消毒制度、消毒方法和隔离制度等，并对家庭中婴幼儿的玩具、用品如何消毒进行了解答。对于这个季节婴幼儿应该穿什么样的衣服这一问题，教师商定根据班级内温度的变化为家长提出婴幼儿着装建议。同时，保健医生就春季容易得什么传染病、如何预防等问题为家长进行了讲解，并对家长提出的其他问题一一给予了答复。

3. 案例分析式研讨会

教师通过案例分析研讨会，针对个别婴幼儿的家长工作，共同分析、探讨并制订出相应的措施来帮助家长解决教育中的问题。

案例分析式研讨会适用于个案研究，具有针对性强的特点。每个孩子的发展情况不同，家长在教育孩子的过程中会出现各种各样的问题。所以，案例分析式研讨会采取共同研讨的形式，让大家凭借自己的教育经验各抒己见，共同出谋划策，在帮助别人的同时也丰富了自己的教育经验。

教师、家长共同认定个别婴幼儿发展中的突出问题，在经过家长同意后将问题公布，并在家长中征集解决办法。教师及时与有办法的家长沟通，了解解决方式。

案例分享

宝宝大便不蹲坑怎么办？

芊芊的妈妈发现芊芊在大便时无论如何都不蹲坑，用了很多方法都不起作用。为了帮助芊芊的妈妈和芊芊，我们就这一问题进行了研讨。题目就叫：宝宝大便不蹲坑怎么办？

在讨论中，家长们纷纷发表了自己的意见。秋子的姐姐说，可以不断鼓励芊芊，让她试一试或在刚开始扶着芊芊试一下；雨莎的小姨说，可以利用一个小一点的容器让芊芊练习蹲的动作，以加强腿部力量；豆豆的小姨说，买个漂亮的小坐便器，芊芊就感兴趣了，可以让她边听故事边如厕，慢慢可以过渡到蹲坑。但豆豆的小姨的办法遭到了大家的一致反对：芊芊对坐便器感兴趣了，还是不会蹲坑，时间长了还会形成边玩边如厕的不良习惯。遥遥的姥姥说，由于家里便池太高，我们可以用两块砖头支起来，先让宝宝有些如厕的感觉，并让她感到没什么可怕的，慢慢地宝宝就会独立如厕的。这个方法得到了大家的一致认可，第二天就被芊芊的妈妈采用了，收到了很好的效果。

由于是小范围的研讨会，家长更加放松，他们问："托育机构在装修时为什么没有为孩子们装个坐便器？"老师说："曾经想过，但托育机构毕竟是公共场所，较难保证坐便器的卫生。其实，让孩子们蹲着如厕也是有意义的，可以让婴幼儿锻炼下肢力量。托育机构的厕所里安装了小扶手，能帮助婴幼儿如厕。"听到这些，家长们频频点头，称赞托育机构教师专业，想得周到，生活中处处有教育。

研讨会的开展，使我们老师也深受启发。后来我们针对不同婴幼儿的养育者，开展了不同内容、形式的研讨活动。如我们为保姆开展了

"如何与孩子的父母一起配合教育"的研讨，为爷爷、奶奶开展了"爸爸、妈妈教育孩子时我该怎么办"的研讨，为爸爸、妈妈开展了"爸爸研讨会""妈妈研讨会"等，还有"怎样喂养更科学"等研讨活动，指导家长根据自己的不同特点、身份来教育孩子，使教育更加得心应手。

4. 讲座式研讨会

这种形式的研讨会主要是邀请专家、经验丰富的教师或相关人员，以讲座的形式向家长讲解教育问题。讲座式研讨会具有阶段性的特点，适合在婴幼儿发展的关键期开展，以便减轻家长在不了解婴幼儿的生理、心理发展特点时出现的焦虑情绪，并通过讲解帮助家长正确地引导婴幼儿。

教师要先收集不同阶段婴幼儿的共性、突出问题和具体行为表现，然后根据婴幼儿的共性问题和具体行为表现，邀请相关的教育专家。接着教师与教育专家共同备课，分析、确定讲座内容。最后教师向家长告知研讨会召开的时间、地点、主持人、出席研讨会的相关专家及讲座的内容、要解决的主要问题等，召开研讨会并做好会议记录。

三、家园互动式研讨会的组织实施

（一）确定研讨会主题，拟定研讨会方案

1. 收集资料，确定主题

根据研讨会的形式，通过调查问卷、面谈、电话等方式收集需要的信息，从而确定研讨会的主题。如分享式研讨会需要结合婴幼儿发展的重要时期和关键时期，在园观察婴幼儿的表现，收集相关文字和音像资料，然后与家长交流，收集典型事例；讲座式研讨会需要收集不同阶段婴幼儿的共性、突出问题和具体行为表现；案例分析式研讨会需要收集个别婴幼儿发展中的突出问题。

2. 拟定研讨会方案

研讨会方案包括：时间、参加成员、研讨会目的、研讨会准备、研讨会过程、研讨会反思等。

> ✎ 案例分享
>
>
>
> **家长，您是孩子的第一任教师**
>
> ——家园研讨会介绍
>
>
>
> **一、时间**
>
> 新生入园后一个月左右。
>
> **二、参加成员**
>
> 新小班婴幼儿家长、本班教师及婴幼儿。

三、研讨会目的

1. 通过展板展示、家长育儿经验交流及研讨等形式，使家长意识到自己在孩子的成长与发展中的重要地位和作用，以及自己的一言一行对孩子潜移默化的影响。

2. 通过多种活动，使家长认识到家园共育的重要性，达成教育共识，为充分挖掘和利用家长教育资源奠定基础。

四、研讨会准备

1. "成长照"展板。将事前收集的家长为婴幼儿拍摄的从出生到入园前的照片，根据会议主题的需要进行筛选整理、概括提炼，如"家长拍下孩子第一次站起来的照片，意味着家长给孩子一种鼓励"等。

2. 录像。利用展板对婴幼儿进行教育及婴幼儿制作"感恩花"时的录像；婴幼儿入园初期及近期的生活录像（通过前后对比，让家长感受到孩子的进步）。

3. 婴幼儿制作的"感恩花"。

4. 音乐《爱的奉献》。

5. 关于婴幼儿生活自理的儿歌。

五、研讨会过程

1. 主持教师向家长介绍研讨会主题。

2. 展板介绍。

3. 请家长结合照片，回忆、介绍婴幼儿入园前某些方面的成功教育经验。作用：引导家长意识到自己在孩子的成长与发展中的重要地位和作用。

4. 回放录像（婴幼儿制作礼物的过程及婴幼儿说给爸爸妈妈的话）。

5. 放音乐，婴幼儿为家长献"感恩花"，并向家长说一句感谢的话。

6. 向家长介绍婴幼儿入园初期及近期在园的生活情况，介绍婴幼儿生活自理能力的培养方法。

7. 回放录像（婴幼儿在园的生活镜头）。

8. 关于婴幼儿生活自理的儿歌介绍及实物演示，向家长提供一些婴幼儿生活自理培养方法，供家长参考。

9. 倡议成立家园共育合作研究小组。

10. 活动结束。欢迎家长留下宝贵意见。

（二）材料准备与宣传通知

教师、家长、婴幼儿一起根据活动方案准备物质材料，如果是在托育机构里开展的活动，需要布置班级，张贴与活动主题相关的图片、婴幼儿作品等，家长可以提供与活动相关的实物或电子素材。

好的宣传和通知能增加家长参与的积极性，尤其是讲座式的研讨会。因此要尽可能利用多种方法和形式进行宣传工作。

（三）组织研讨会

1. 每次都要有活跃的家长参与

教师在选择家长参加研讨会时，尽量选择较活跃的外向型家长，这样会避免研讨会变成教师的"一言堂"或气氛沉闷。

2. 注意参加研讨会的每位家长的忌讳点

对于特别在意场合、强烈需要被尊重的家长，或已表明不想参加研讨会以及参加时需要特别关照的家长，教师要给予尊重和关照。在研讨过程中，教师要注意纠正其他家长的言语或进行补充说明，以尊重这些家长，使其乐意参加研讨会。

3. 对于平时不善表达的家长，不必勉强其发言

对于不善表达的家长，可以先让他们做倾听者，使其在倾听其他家长介绍教育行为和观点的过程中，受到启发后产生发言的需求。研讨会后，要给家长思考和沉淀的时间，然后教师再与个别家长进行交流，了解其参加研讨会后的收获、启发和困惑。若有进一步交流的愿望，可约定下次交流的时间，从而使这些家长逐步主动地参与到与托育机构的互动中。

4. 要将发言的机会和时间留给家长

研讨会基本是围绕一个主题开展的，在研讨过程中，教师要最大化地将发言的机会和时间留给家长，并在适当的时候进行小结和衔接。研讨会不仅是家长们经验分享的时间，也是他们相互倾诉的好时机。教师要先倾听家长的观点，让家长和家长之间进行对话，让家长教育家长，这样才能事半功倍。

教师要让每位家长都有发表自己的观点或意见的机会，尤其是不善言辞的家长，可先让其听别人说。当别人已经说了很多，而其仍然没有发言时，教师就要主动出击，提一些直接的问题，如："×× 妈妈，你们家孩子是怎样的情况呢？"

当家长提出自己的问题时，教师可以请这个方面发展比较好的孩子家长介绍自己的做法，也可以针对某问题，用事例进行介绍。这样既可以让该家长了解到自己孩子在园的情况，也可以让其他家长了解到某年龄段孩子在某方面可能发展到的较高水平是什么程度。由于是家长亲身实践的经验，既实用、具体，又非常鲜活，因此能够吸引大部分家长的注意力。

5. 个别孩子的问题不宜拿到研讨会上讨论

当某孩子在某一段时期出现比较突出的问题，如情绪问题、同伴交往问题、

笔记栏

自我约束问题时，比较适合与家长进行个别交流，这样教师和家长能够比较透彻、坦诚地交流，不用担心伤及家长的自尊心，造成家长的抵触心理。

6. 在研讨会上可以对个别孩子的进步或优点进行表扬

教师对个别孩子的表扬，可以让其他的家长学习相关的经验，但不能渲染得太过分，否则其他家长会觉得教师偏爱这样的孩子，反而担心自己的孩子是否会受到冷落。

7. 给予家长自主选择参加研讨会的权利

教师让家长自主选择是否参加研讨会或参加哪一个主题的研讨会，可以充分调动家长参与的积极性和主动性。通过事先介绍研讨会的主题和时间，并让家长自愿报名参加，既尊重了家长的选择，也保证了研讨会的效果。当然，教师对于一些从不参加研讨会的家长，可以私下主动邀请，同时了解其不参加的原因，然后尽量从话题内容及人员的安排上吸引他们参与。

8. 研讨会的时间要有所控制

教师可根据话题讨论的热烈程度灵活调整研讨会的时间，时间太短会使家长感觉收获不大，时间太长会造成家长心理上的疲倦而产生反感。因此1小时左右或不超过2小时是较适宜的时长。

（四）研讨会的反思与总结

活动结束时，教师不仅要小结当天的活动情况，邀请家长填写研讨会反馈表，还要公布后续的研讨会计划，将家园互动式研讨会做成系列，使家长的教育能力不断提高。

四、职业规范与注意事项

（一）开展互动性的研讨会

无论是什么形式的研讨会，其共同特点是互动性。这是针对以往"教师讲，家长听"的单向会议形式提出的。平等、尊重使得教师与家长成为了朋友。在研讨会中，教师以朋友的身份与家长坐在一起谈心、聊天，应是一件自然、轻松的事情。但是，如何为家长创设宽松、和谐的互动环境？比如，在摆放座椅时，可采取单圈摆放形式，教师、家长随意入座，没有主持者与参与者之分，大家畅所欲言，各抒己见。

在主持研讨会时，教师应注意灵活地转变自己的角色。主持者的第一个动作、第一个眼神、第一句话，往往起着关键性的作用，它对整个研讨会的气氛具有巨大的影响。简短的开场白之后，教师真诚地询问大家："在一学期的家园合作中，家长与教师已成为了朋友，那么，在圆圈座椅中，还有一个空位，我能以一位朋友的身份与各位家长坐在一起，共同聊聊咱们的孩子吗？"自然、纯朴的话语，表现出教师的真诚，拉近了与家长的距离。

✎ 笔记栏

（二）调动家长的积极思维

在研讨会中，教师要调动家长积极的思维，尽可能地使家长间形成研讨的氛围。比如，教师利用启发式的提问加以引导："婴幼儿在进入托育机构之前，家长也从未见过班内的老师，您放心吗？您通过哪些活动后心里踏实了？"非常简单的两个小问题，很自然地将家长带入到研讨主题中，使家长与教师一起回忆起孩子入托育机构以来所走过的每一步。良好的开端为研讨会的顺利开展奠定了基础。家长的精神渐渐放松下来，大家仔细倾听着每一个人的观点与想法。教师作为一名主持者，则抓住某一观点，及时提出问题并加以引导。例如，有的家长说："在与老师的沟通中，老师说，好孩子是夸出来的。"有的家长则反问："如果总是夸奖，会不会造成孩子听不进批评？""在教育中，能否打孩子？"面对这些现实的问题，面对每个家长的困惑，教师不要急于谈出个人的看法，而是引导大家在研讨中逐步转变教育观念，掌握正确的教育方法。这样，会场的气氛越来越热烈，大家在讨论中感受到了群体的智慧，感受到了沟通的重要性。家长与教师之间、教师与婴幼儿之间、家长与婴幼儿之间，要使教育有效地开展，沟通是关键所在。同时，通过研讨，家长也认识到：教育孩子不能性急，打骂并不是好方法，在婴幼儿时期养成良好的行为习惯比发展智力更为重要。

（三）构建平等的关系

家长和教师是平等的关系。教师不仅要帮助家长创设良好的教育环境，而且要及时听取家长对教育的意见，与家长共同讨论问题、共同解决问题，从家长那里汲取教育经验，共享家园合作的快乐；还要积极创造与家长相互作用的机会，让家长在托育机构举办的一系列活动中相互了解，共同讨论他们关心的问题，形成一个群体，共同对托育机构的教育发挥作用。只有这样，家长、教师双方才能共同完善自己的教育方法，提升教育水平，为婴幼儿的健康发展提供有利条件。

====== 步骤二　任务实训 ======

一、任务分组

学生任务分配表

班级			组名		
组长		学号		指导教师	
组员					
姓名	学号	姓名	学号	姓名	学号
任务分工：					

二、设计研讨会方案

1. 设计调查问卷：为确定主题收集相关资料（扫二维码观看参考案例）

调查问卷

2. 制作研讨会学期计划

3. 自选一个研讨会形式，撰写研讨会方案（扫二维码观看参考案例）

家园研讨会介绍

4. 制作宣传通知及海报

5. 设计家长填写的《研讨会活动反馈表》

6.撰写研讨会实施反思与总结（扫二维码观看参考案例）	研讨会实施反思与总结

三、模拟组织实施

1.请学习小组根据本组撰写的家园互动式研讨会方案，进行小组汇报与小组互评。

2.小组分角色模拟组织实施家园互动式研讨会，进行小组互评。

四、任务实施总结

1.通过完成上述任务，你学到了哪些知识或技能？

2.遇到的问题及解决措施

3.个人体会

签名：

日期： 年 月 日

五、拓展实践

以小组为单位，调查本地托育机构开展家园互动式研讨会的情况，调查内容建议如下：

1.该园所家园互动式研讨会的主题与形式有哪些？

2.选择一个托班，尝试为其设计一份家园互动式研讨会方案。

步骤三 思考提升

1.家园互动式研讨会的内容有哪些？

2. 家园互动式研讨会的形式有哪些？

3. 家园互动式研讨会的组织过程中要重视什么？

4. 家园互动式研讨会的实施过程中要注意什么？

步骤四　任务评价

评价内容	评价标准	分值	小组自评	他组评分	教师评分
家园互动式研讨会的含义与意义	能说出家园互动式研讨会的含义	5			
	能说出家园互动式研讨会的意义	5			
家园互动式研讨会的内容与形式	能说出家园互动式研讨会的内容	5			
	能说出家园互动式研讨会的形式	5			
家园互动式研讨会的组织实施	能说出家园互动式研讨会的组织实施过程	15			
家园互动式研讨会方案的设计与实施	确定主题的调查设计考虑完备	5			
	家园互动式研讨会学期计划逻辑清晰	10			
	方案的设计考虑周全细致	5			
	宣传通知说明清楚，海报美观大方、内容完整	5			
	家长填写的《研讨会活动反馈表》设计考虑周全、有创新	5			
	模拟实施研讨会时，做到了需要注意的重点事项	15			
	小组分工明确，配合得当	10			
	体现尊重和服务家长的意识	10			
总分		100			

【项目测试】

项目测试三

项目导读

在婴幼儿家园共育的过程中，难免会出现一些特殊情况，如婴幼儿之间发生冲突，婴幼儿受伤，以及家长在某些事件中的情绪问题，或者家长提出某些不合理的要求等，都需要教师介入进行协调和安抚。突发性婴幼儿家园共育工作的处理恰当与否，直接关系到家长参与家园共育的积极性，甚至影响家长是否继续把婴幼儿送托。

教学目标

◎素质目标

1. 树立服务家长的意识。

2. 坚持公平公正的处理原则。

3. 培养在处理事情中的耐心、细心和爱心。

◎知识目标

1. 能说出突发性家园共育工作的类型。

2. 理解不同突发性家园共育工作的具体流程。

3. 掌握不同突发性家园共育工作的方法。

◎能力目标

1. 能妥善处理婴幼儿之间的矛盾，减少衍生问题。

2. 能客观、冷静地陈述事实，不偏向任何一方。

3. 能运用较为正式的语言与家长沟通。

项目导览

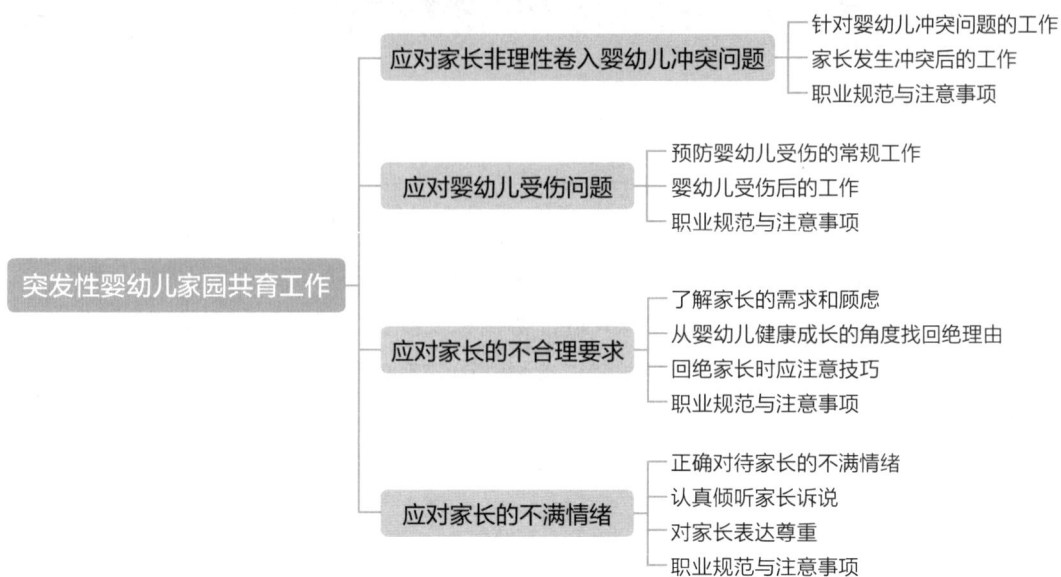

任务一 应对家长非理性卷入婴幼儿冲突问题

任务背景

放学了，在托育机构的游乐场里，很多小朋友不想回家，想要再玩一会儿。毛豆和彬彬都想先上台阶去滑滑梯，毛豆伸手推了彬彬一下，彬彬就跌坐在地上，哭了起来。彬彬妈妈看到了，马上冲上去大声地对毛豆喊："你这个小朋友怎么这样的！推人干什么？道歉！"正好这时毛豆爸爸走过来，觉得彬彬妈妈正在骂自己的儿子，很生气，指着彬彬妈妈说："你干什么？小孩子打闹有必要这么大声吗！"于是两个人吵了起来，毛豆和彬彬都哭了起来。

如果你是毛豆和彬彬的托育教师，遇到这种情况，该如何解决？

任务目标

1. 了解婴幼儿冲突问题的解决方法和冲突发生后的家长工作。
2. 能说出家长非理性卷入婴幼儿冲突的心理。
3. 能用适宜的方法应对家长非理性卷入婴幼儿冲突。

任务实施

━━━━━ 步骤一 知识梳理 ━━━━━

一、针对婴幼儿冲突问题的工作

（一）教师熟知如何应对家长冲突

家长非理性卷入婴幼儿冲突，可能是在很短的时间内发生并激化，如果没有较为快速和果断的应对措施，很可能会出现更严重的情况。教师在平时就应该了解相关的应对措施，不至于在突发情况下错失稳定局面的时机。教师在面对突发情况时，应沉着面对，冷静而恰当地解决问题。

（二）向家长介绍婴幼儿发生冲突的性质与意义

教师应通过家长会等形式，让家长知道婴幼儿之间的冲突与成人之间的冲突，其性质完全不同。由于婴幼儿的思维发展水平还处于"自我中心"阶段，他们不能站在别人的角度考虑问题，也不能认同和接纳别人的意见。因此，在他们相互交往的过程中就难免会出现误解、产生矛盾，甚至发生争吵和打斗。婴幼儿冲突的产生源自社交技能的缺乏。

冲突是婴幼儿与同伴交往的一种方式，对婴幼儿的社会性能力、言语能力、思维能力的发展有积极意义。正确地解决这种冲突，有利于加强婴幼儿彼此之间的了解，有利于婴幼儿走出自我中心，学会通过协商、互惠、互谅等手段来协调与伙伴之间的关系，进而提高其协调人际关系的能力。如果家长非理性地介入婴幼儿之间的冲突，则会让婴幼儿失去自行解决冲突的机会，并导致冲突复杂化，产生激化矛盾，夸大冲突的消极作用；同时，会让婴幼儿从此学会依赖，不再通过思考来解决问题，从而错失锻炼情商、提高纷争处理能力的机会。

在一些家长眼里不正常的"刚刚还面红耳赤，转眼又喜笑颜开"的现象，或许恰恰是婴幼儿特殊的智慧。婴幼儿的交往能力、人格就是在争吵、调停、和好的循环过程中得到发展的。

（三）向家长介绍介入婴幼儿冲突的目的

教师应当适时地告诉家长，介入婴幼儿冲突的目的，不是直接为婴幼儿解决矛盾冲突，更不是与对方家长争论谁有理、谁无理，或者谁该向谁道歉。介入婴幼儿冲突的最终目的是让婴幼儿自己学会解决矛盾冲突。家长可以让发生冲突的婴幼儿一起来讨论怎样化解冲突，让他们学着体会被打骂的小伙伴的感受，告诉他们"打"或"骂"不是解决问题的方法，同时让他们学会非暴力地解决冲突，学会体谅他人、尊重他人。

二、家长发生冲突后的工作

当婴幼儿家长非理性卷入婴幼儿冲突时，教师应针对具体情况，灵活采用以下措施予以应对（见图4-1）。

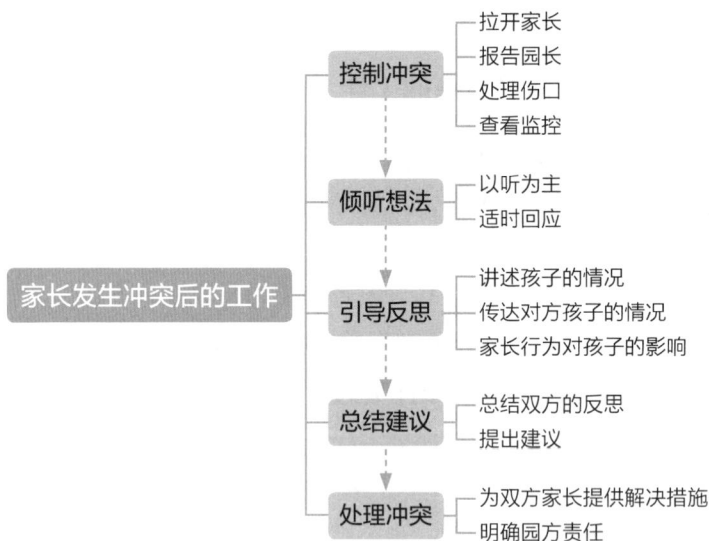

图 4-1　家长非理性卷入婴幼儿冲突解决流程

（一）控制冲突

教师首先要做的就是让正在发生的冲突停止，抚平双方情绪。让冲突双方冷静下来的具体方法有暂时隔离双方、让双方沉默几分钟等。

（二）倾听想法

教师要听一听冲突双方的想法，了解他们想做什么、目的是什么，但在倾听的过程中，要做到"三不"——不解释、不评价、不表态。这样做能让家长感受到教师的关心和公正。当家长的情绪稍许冷静后，可以适时进行回应，了解家长的真实想法。

（三）引导反思

教师讲一讲婴幼儿冲突的情况，对冲突的原因进行解释。帮助家长理清自己在介入婴幼儿冲突时的想法，引导家长反思行为的后果。比如，让冲突双方说一说"自己的言行会带给对方及其孩子什么感受？""自己孩子的感受是什么？她（或他）能从冲突中获得成长吗？"与此同时，要求冲突双方不得批评对方及其孩子。

（四）总结建议

教师总结双方家长所说的反思的话，并提出自己的建议，引导冲突双方积极寻求改进措施，给婴幼儿在处理人际关系方面树立良好榜样。

（五）处理冲突

按照双方达成一致的措施，有效地解决婴幼儿之间的冲突及由此产生的家长之间的冲突时，应当让家长意识到，介入婴幼儿之间的冲突不是为了"打出""骂出""争出"输赢，也不是辩出谁有理、谁无理，而是为了让孩子获得更好的发展。

> 🔗 **案例分享**
>
> #### 孩子被抓伤之后
>
> 叮当和童童是小班刚入园的两个男孩，因为性格爱好相似，两人变成了"好哥们"，最喜欢在一起做游戏。一天户外自由活动时，叮当和童童都想要玩一辆蓝色的小车，争抢中，童童的手指甲把叮当的脸抓出了三道抓痕，导致叮当大哭起来。教师连忙将叮当送到托育机构保健室进行
>
> 应对家长卷入婴幼儿冲突问题
>
> 伤口消毒、涂药和冰敷，并安抚叮当的情绪。童童的语言表达不流畅，一句话通常要憋很久才能说出来。叮当表达流畅，能说流利的句子。
>
> 小班婴幼儿刚入园没多久，就发生这样的事情，该怎么跟家长解释呢？教师对事件进行了这样的处理：第一，通过各种途径还原事实经过；第二，及时通知各方家长，得到家长的理解和信任。教师将此事报告给园长，希望能查看当时的监控，还原事情经过。经过监控回放，

是童童先拿到小车，叮当随即过去也想玩。两人各自拿着小车不放的时候，童童两手伸向叮当的脸，叮当没有还手但大哭起来。向园长报告后，教师马上给叮当爸爸打了电话，说明了事情的经过，并说明了处理的过程。叮当爸爸的反应有些诧异，说一会儿来园看看孩子的情况，并让教师把孩子脸上被抓的照片发给他。教师给童童的妈妈打电话，告知了事情的经过，并希望童童妈妈能够带着童童主动向叮当及其家长道歉，并主动提出承担医疗费用。

三、职业规范与注意事项

1. 熟知托育机构处理冲突事件的应对预案，了解拨打 120、110、119 等救援电话的流程，熟练进行急救处理。

2. 在与家长对话时，做到公平、公正，及时把情况报告给托育机构领导。

3. 帮助家长掌握科学育儿的内容、原则和方法，提高家长科学育儿的水平。

4. 教师应注意礼节，做到不卑不亢，对于家长的反馈给予积极回复。

━━━ 步骤二 任务实训 ━━━

一、任务分组

学生任务分配表

班级			组名			
组长		学号		指导教师		
组员						
姓名	学号	姓名	学号	姓名	学号	

任务分工：

（需要扮演角色：毛豆家长、彬彬家长、教师 2 名、记录员，其他角色按具体设计情境增加）

二、家长发生冲突情况记录

1. 控制冲突

冲突时间、地点：

冲突双方身份：

冲突事件记录（查看监控、询问婴幼儿）：

2. 倾听想法

被伤害一方家长的想法：

实施伤害一方家长的想法：

三、模拟组织实施

请学习小组根据本组的记录内容，参照图 4-1"家长非理性卷入婴幼儿冲突解决流程"，扮演角色，模拟解决双方家长冲突的过程，最终达成解决策略。

四、任务实施总结

1. 通过完成上述任务，你学到了哪些知识或技能？

2. 遇到的问题及解决措施

3. 个人体会

签名：

日期：　　年　月　日

五、拓展实践

以小组为单位，调查正在进行校外实习的师兄或师姐处理婴幼儿冲突的情况，调查内容建议如下：

1. 是否自己亲身经历或看到别的教师处理婴幼儿冲突？

2. 自己或别人在处理冲突时是否恰当？如不恰当，可以如何改进？

================ 步骤三　思考提升 ================

1. 家长非理性卷入婴幼儿冲突时，一般来说，双方家长的想法如何？

2. 家长情绪很激动时，教师应该怎么做？

3. 婴幼儿（0～1 岁）发生冲突的一般原因有哪些？

4. 对于一些有攻击性行为的婴幼儿，在家园合作中应该采取什么措施？

步骤四　任务评价

评价内容	评价标准	分值	小组自评	他组评分	教师评分
针对婴幼儿冲突问题的工作	婴幼儿发生冲突的性质	5			
	婴幼儿发生冲突的意义	5			
	家长介入婴幼儿冲突的目的	8			
家长发生冲突情况记录	时间记录准确	3			
	地点记录准确	3			
	冲突过程记录客观、清晰	10			
	与家长的对话能顺利进行	12			
	能说出双方家长的看法和诉求	10			
	能倾听家长的疑惑和意见，作出合理解释，达成教育共识	12			
处理家长冲突	反应迅速，较快拉开冲突双方	2			
	谈话过程氛围轻松	3			
	能引导家长进行反思	5			
	能恰当总结双方想法	5			
	提出较为恰当的解决措施	7			
	体现家园共育的理念	5			
	团队合作任务分配合理，效率高	5			
总分		100			

◯ 任务二　应对婴幼儿受伤问题

■ 任务背景

玲玲在操场上跑的时候，跟另外一个小朋友撞到了一起。她的头被撞出一个小包，坐在地上大声地哭了起来。教师立即把她带到医务室，用冰袋给她冷敷。教师安慰玲玲："玲玲还疼不疼？不怕，老师陪着你。"等玲玲的伤处理好后，教师打电话给玲玲妈妈，说明了情况，表达了歉意。玲玲妈妈表示理解，认为婴幼儿玩游戏时摔跤、碰撞不可避免，还说："这么多孩子，你们也顾不过来。"

婴幼儿在托育机构不可避免地会遇到受伤情况，你还知道哪些受伤情况？该怎样处理并与家长沟通？

◢ 任务目标

1. 掌握预防婴幼儿受伤的常规工作和婴幼儿受伤后的工作内容。
2. 能说出婴幼儿受伤应急处置的流程与注意事项。
3. 婴幼儿伤害时，能做好家长沟通工作，并寻求专业支持。

✅ 任务实施

====== 步骤一　知识梳理 ======

一、预防婴幼儿受伤的常规工作

由于婴幼儿在经验和能力上的局限性，加上好动的特点，他们在园很容易受伤。教师要认真研究婴幼儿在园的受伤问题，一方面尽可能排除园所内导致受伤的因素，另一方面做好婴幼儿受伤后的应对措施。

（一）做好场地的安全检查工作

1. 户外活动场地的安全性检查

户外活动的设施、器械需要专人负责，定期检查是否有松动、损坏。开始活动前，要排查活动场地，及时清除活动场地中有可能会影响婴幼儿活动的障碍物，做到无坑、无砖、无凸起。

2. 室内活动场地的安全性检查

针对托育机构教室整体的检查，要时常对家具设备进行安全排查，以免婴幼儿在日常活动中受伤：是否存在一些和婴幼儿头部差不多高度的锋利的角（如桌角）；地毯边缘有无突出、松动；热水是否放在婴幼儿够不着的地方；不用的插座是否已盖住；围墙是否足够高，是否安全；木制器械是否有开裂的地方；教室通道是否畅通。

针对教室的活动区域分布，还要对不同区域进行针对性的检查。例如，建构区的玩具是否散落在各处；不用的沙箱是否盖上；手工区的剪刀、锤子等物品是否按规定放好；运动区的攀爬架、滑行器是否放有缓冲垫。

3. 重视晨、午、晚检时的安全性检查

托育机构必须严格执行入园晨检、就寝午检和离园晚检，有效防止婴幼儿从家里或其他场所携带尖锐、细小物品入园，或从园内带出物品。

入园晨检的流程为"一摸二看三问四查"。"一摸"——摸额头和下颌，观察是否有发热症状或淋巴肿胀，发热者要测体温。"二看"——看面色和精神是否异常，有无流涕、结膜充血的症状，有无皮疹，咽部是否红肿，体表有无伤痕；还要观察手掌心、口腔黏膜是否有疱疹。"三问"——向家长询问前一天婴幼儿在家的饮食、睡眠、大小便情况，判断其有无不舒服、患病等异常状况。"四查"——检查婴幼儿是否随身携带危险物品，如尖锐利器、打火机、玻璃球等，并经常进行安全常识教育，以增强安全意识。

就寝午检的流程为"一摸二看三查"，操作与晨检类似，特别要注意关注婴幼儿的额头温度，手掌心和口腔黏膜是否有疱疹；还要检查婴幼儿想带入寝室在午休时玩的，从户外或教室找来并藏着的小石头、小树枝和小玩具。

离园晚检主要检查婴幼儿体表有无伤痕，若有，则要及时处理并询问原因，做到心中有数。另外还要整理衣着、鞋子等。由于教师不能关注到每个婴幼儿，有些婴幼儿受伤，不是很疼，就不告诉教师，但是又会存在伤口。教师应该在晚检时检查，掌握受伤情况并及时告知家长。

4. 物品运送的安全性检查

餐车要缓慢推行，以防食物洒地使婴幼儿滑倒。为婴幼儿分发饭菜时，注意不能从婴幼儿头上传递饭菜，以免造成烫伤。

（二）向家长宣传本园的安全理念

教师应通过各种形式告诉家长，本园将婴幼儿的安全问题作为头等大事来抓，以及为了孩子们的安全将采取的种种措施。同时，教师还要向家长说明，由于婴幼儿好动且缺乏安全意识和自我保护能力，就算托育机构采取了很多严密的安全措施，也无法保证孩子们在园的绝对安全。所以，孩子偶尔出现安全事故，特别是碰伤、跌伤、抓伤等，是在所难免的。

此外，教师还应该告诉家长，绝对安全的环境对婴幼儿的成长是有害处的，在绝对安全的环境里，孩子不需要考虑安全问题，但适度的不安全因素有利于培养孩子防范危险的意识和自我保护意识。

二、婴幼儿受伤后的工作

（一）识别不同类型的意外伤害事故

托育机构内设有医务室，有专职医师负责常规意外伤害处理，托育教师尽量不要自行对婴幼儿伤口进行处理。情况严重时，教师应在通知医师的同时拨打 120 进行急救。教师应该了解常见意外伤害事故，识别哪些需要进行急救、哪些不能移动、哪些可以送至医务室进行救护。

1. 外伤出血

外伤出血的表现有三种，可根据出血的情况和颜色判断：动脉出血为鲜红色，一股一股地喷出，流速快，量多，短时间内可有大量失血，会有生命危险，因此动脉出血需要马上进行止血；静脉出血为暗红色，流速稍慢，徐徐外流呈涌出状；毛细血管出血为红色，像水珠样流出或渗出，多数情况下能自行凝固止血。

2. 头皮血肿

头皮血肿分为三类：皮下血肿体积小、张力高，疼痛十分显著；帽状腱膜下血肿张力低、波动明显，疼痛较轻，有贫血症；骨膜下血肿周界止于骨缝，疼痛显著。婴幼儿出现头皮血肿时，教师应将其送至医务室，由医师进行判断和处理（见图 4-2）。

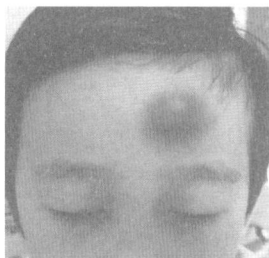

图 4-2　婴幼儿头皮血肿

3. 肢端扭伤

扭伤较为常见，其中踝关节扭伤是急诊中最常见的扭伤。踝关节扭伤后局部会发生肿胀、疼痛，走路跛行或不能着地步行，有时可见皮下瘀血斑。

外翻扭伤时，内踝前下方压痛明显，由足部强力内翻引起。因外踝较内踝长和外侧韧带薄弱，使足内翻活动度较大，临床上外侧韧带损伤较为常见。

内翻扭伤时，外踝前下方压痛明显，由足部强力外翻引起，发生较少。严重损伤者，在韧带断裂处可摸到凹陷，甚至摸到移位的关节面。受伤后应立刻通知医务室医师，根据情况通知婴幼儿家长，减少活动。

4. 四肢骨折

骨折的表现因骨折的类型不同而不同，一般表现为疼痛，局部肿胀、瘀青，功能障碍。疼痛是骨折的主要表现，尤其是在活动受伤肢体或按压骨折的部位时更加明显。骨折后由于肢体的支架断裂和疼痛，使肢体丧失部分或全部活动功能，如前臂不能屈伸。但多数婴幼儿骨折后骨膜仍能保持完整，有些婴幼儿肢体功能障碍并不明显，甚至有些婴幼儿还能使用受伤的手臂或者用受伤的腿走路。

骨折后最重要的是进行固定，骨折处不能震动，不能触痛伤肢，因此当出现疑似骨折的情况时，教师一定要让婴幼儿在原地等待医师到来，而不是把婴幼儿送到医务室。

5. 烫伤

只有知道烫伤后的临床表现，才能对烫伤的严重程度作出正确判断，并采取相应的处理措施。通常以三度四分法对烫伤进行分类（见图 4-3）。

（1）I 度烫伤：仅伤及表皮浅层，生发层健在。表面呈红斑状、干燥，有烧灼感。再生能力强，3～7 天脱屑痊愈，短期内可有色素沉着。

（2）浅 II 度烫伤：伤及表皮的生发层和真皮乳头层。局部红肿明显，有大小不一的水泡，内含淡黄色澄清液体。水泡皮若剥脱，创面红润、潮湿、疼痛明显。

（3）深 II 度烫伤：伤及真皮乳头层以下，但仍残留部分网状层，深浅不一，也可有水泡，但去泡皮后，创面微湿，红白相间，痛觉较迟钝。

（4）III 度烫伤：又称为焦痂型烫伤。浅层皮肤受损，可深达肌肉甚至骨骼、内脏器官等。创面蜡白或焦黄，甚至炭化。硬如皮革，干燥，无渗液，发凉，针刺和拔毛无痛感，可见粗大栓塞的树枝状血管网。

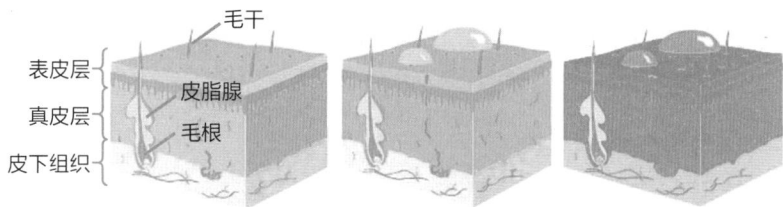

图 4-3　烫伤皮肤损伤程度

6. 心脏骤停

心脏骤停的表现有：突然丧失意识或伴有短暂抽搐；大动脉搏动消失（幼儿以颈动脉和股动脉为准，婴儿以肱动脉为准）；呼吸停止或无效呼吸（仅有喘息样呼吸）；面色苍白或发绀；双侧瞳孔散大，反射消失；大、小便失禁；测不出血压，心音消失，心电图异常。

临床上，患儿一旦出现意识丧失和大动脉搏动消失，即可诊断为心脏骤停。一旦确定为心脏骤停，应立即进行胸外心脏按压，不能等待医师或 120 急救到来才开始急救。

7. 气管异物

如果婴幼儿没有发病，进食中却突然出现剧烈呛咳，这是异物吸入气管的表现。异物进入气管后，因气管黏膜受异物刺激而引起剧烈的呛咳，可伴有呕吐、口唇发紫和呼吸困难。如果异物较大，阻塞了喉头或气管，可能会立即引起窒息死亡。当出现气管异物时，必须马上进行海姆立克急救法，不能等待医师或 120 急救到来才开始急救。

4-2-4

（二）婴幼儿受伤后的处理流程

当婴幼儿受伤后，首先要对伤口进行处理，同时拍照或用文字记录受伤情况和处理后的情况。如果婴幼儿还能说话，精神状态尚佳，应与婴幼儿交流，了解其受伤始末。受伤后的处理流程如图 4-4 所示。

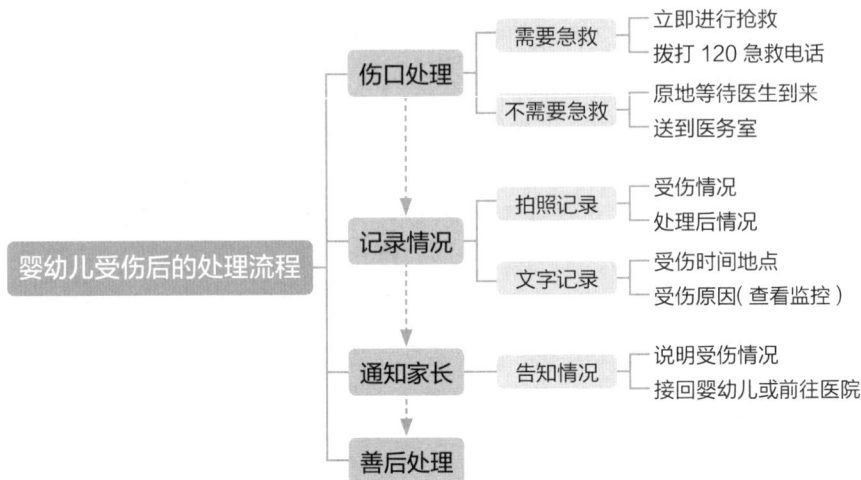

图 4-4　婴幼儿受伤后的处理流程

（三）积极进行家长工作

1. 及时与家长沟通

家长非常在意婴幼儿在园的安全问题。当婴幼儿受伤时，无论其伤势如何以及由于何种原因受伤，教师都应及时与家长沟通并表示歉意，将对此事的沟通当作自己工作中的头等大事来处理，绝不能没有任何理由地"忘记"或"忽视"。

2. 敢于担当

当婴幼儿受伤后，托育机构和教师要敢于担当，负起该负的责任，努力求得家长的谅解，绝不能推卸责任。婴幼儿受伤算是托育机构的一个危机事件，若处理得不好，可能使托育机构和托育教师的声誉受损；若处理得当，则可以提高声誉。

3. 采取有效的善后措施

婴幼儿受伤后，教师除了应及时告知家长相应的情况外，还应及时采取有效的补救措施，以免类似的事情再次发生。同时，还应适时地向家长通报后续的相关情况，让家长知道教师采取了哪些措施及取得了哪些成效。否则，婴幼儿教师今后的家长工作会变得非常被动。

教师在临时处理受伤情况时，应注意以下事项：若婴幼儿受伤不严重（如外伤出血、肢端扭伤等），应尽量在医生处理好伤口、擦净血迹之后通知受伤婴幼儿的家长；若婴幼儿伤势严重（如骨折等），则需要正确处理伤口、擦净血迹，并马上通知其家长，征求家长的意见后送往指定医院，并及时向园长汇报。

教师与家长进行电话沟通时，应注意态度和用词。教师可以这样说："××家长，您好！非常抱歉地通知您，您的孩子在上楼梯玩游戏（或去卫生间）的时候受伤了，我们准备马上送他到××医院，您看这个医院行吗？"在得到家长的同意后，再说："孩子的病情要紧，我们马上送他去医院！您不要着急，我们会照顾好孩子的。您方便的时候到医院来看孩子。"

🔗 案例分享

婴幼儿受伤后的家园沟通策略

一天早晨，园长到班里找我，让我把浩浩的被褥和个人物品收拾好，帮他办理退园手续。"退园？为什么？"我很疑惑。园长把我带到家长接待室，推门一看，平时满脸笑容的爸爸妈妈表情凝重，一声不吭。再看看浩浩，呀！脸上有一道5厘米左右的划痕，看起来有点深。我着急地问："浩浩，这是怎么啦？"浩浩满脸委屈，没有说话。浩浩爸爸呵斥着反问我："昨天下午浩浩在班里被橱柜门划伤了，你不知道吗？"我快速回忆：昨天下午是我的备课时间，去备课室之前浩浩还好好的呀，其他老师也没告诉我班里有什么异常啊……我对浩浩爸爸说："您先等一等，我去了解一下情况，马上回来。"我飞奔回教室，向带班老师询问，原来前一天下午区域游戏时，浩浩在"娃娃家"不小心自己摔倒了，把脸磕在了橱柜门上。带班老师觉得还有几分钟我就备完课回教室了，便没有打电话汇报。谁知还没等我回教室，浩浩妈妈就来接浩浩了。由于浩浩妈妈平时属于比较好说话的家长，加上浩浩没怎么哭闹，带班老师就跟浩浩妈妈简单沟通了几句，便让浩浩跟她回家了。听完，我有一连串问题想要问，可事已至此，已经无法挽回。怎样做才能稳定家长的情绪，高效协商沟通，并做好补救工作呢？我主要运用了以下策略。

"共情"——真诚道歉。婴幼儿在园受伤，不论家长态度如何，我们都要真诚地道歉，这是孩子受伤后打开家园沟通大门的金钥匙。而道歉也是有技巧的，不能干巴巴地说"对不起""不好意思"之类的话，最好先与家长"共情"。

平时不善言辞的浩浩爸爸情绪特别激动，把车钥匙往地上一摔，大声说："老师，你们怎么看的孩子？看看我们孩子的脸，你看看……"

应对婴幼儿受伤问题

笔记栏

4-2-6

面对质问，我也没急于解释，而是先蹲下把车钥匙捡起来，双手递给他，又像往常一样向浩浩张开双臂。浩浩微笑着跑过来，双手搂住我的脖子，趴在我的肩膀上。我摸着他的后背问："浩浩，还疼吗？"他摇了摇头。浩浩爸爸见此情景，深吸了一口气，降低了声调说："在脸上会很难看。"我说："我非常理解你们现在的心情。浩浩是你们的心头肉，也是老师的宝贝，看到他受伤，我的心情和你们一样。如果是我的孩子在托育机构受伤，或许我的情绪比你们还要激动。作为班主任，我没有第一时间了解情况，后期也没跟您交流沟通，是我的失职。请接受我和全班老师的道歉，对不起，让宝贝受委屈了。"此时，浩浩爸爸的语气又平和了许多，说："是！脸上要是留下疤痕怎么办？"

浩浩妈妈接着说："我去接孩子，带班老师轻描淡写地解释了几句，晚上也没打电话问问。老师你说我们上火不上火？"很明显，浩浩父母除了担心孩子脸上留疤痕，对老师的处理态度和后续的安抚工作也很不满意。"你们的为人我很了解，小磕小碰是不会放在心上的。像这种划痕，我们应该第一时间找保健医生处理，带浩浩去医院看看。年轻老师经验少，处理问题不够妥善，现在她心里也很愧疚。"过了一会儿，浩浩爸爸说："刚才我情绪激动了，您应该能理解我们的心情。"交谈过程中，浩浩爸爸的情绪越来越冷静，我想这应该是"共情"的力量吧。

三、职业规范与注意事项

1. 要认真遵守托育机构制定的安全制度，对自己负责的安全责任区要严格执行制度、定期巡查。

2. 了解本班婴幼儿的不同性格和习惯，在活动前预判可能会出现的危险情况。

3. 熟悉各种受伤情况的处理方法，紧急情况下能进行急救处理。

4. 应注意礼仪礼节，做到不卑不亢，对家长的反馈给予积极回复。

步骤二　任务实训

一、任务分组

学生任务分配表

班级			组名			
组长		学号		指导教师		
组员						
姓名	学号	姓名	学号	姓名	学号	

任务分工：

（需要扮演角色：玲玲、玲玲妈妈、教师、医师）

二、婴幼儿受伤情况记录

1. 受伤情况

受伤时间、地点：

受伤原因（查看监控、询问婴幼儿）：

2. 受伤情况及处理

三、模拟组织实施

　　请学习小组根据图 4-4 "婴幼儿受伤后的处理流程"，扮演角色，模拟教师处理婴幼儿受伤的过程，并与家长进行沟通。

四、任务实施总结

1. 通过完成上述任务，你学到了哪些知识或技能？   2. 遇到的问题及解决措施   3. 个人体会   签名： 日期：　　年　月　日

五、拓展实践

以小组为单位，调查正在进行校外实习的师兄或师姐处理婴幼儿受伤的情况，调查内容建议如下：

1. 是否自己亲身经历或看到别的教师处理婴幼儿受伤？
2. 如果家长情绪激动怎么办？受伤后的善后工作有哪些？

======= 步骤三　思考提升 =======

1. 应如何处理不同的意外伤害事故？
2. 在与家长沟通的过程中，如何做到心平气和？

======= 步骤四　任务评价 =======

评价内容	评价标准	分值	小组自评	他组评分	教师评分
预防婴幼儿受伤的常规工作	户外活动场地的安全性检查	5			
	室内活动场地的安全性检查	5			
	晨、午、晚检时的安全性检查	10			

评价内容	评价标准	分值	小组自评	他组评分	教师评分
婴幼儿受伤后的处理	能识别不同类型的意外伤害事故	8			
	能对不同类型的意外伤害进行处理	12			
	能说出婴幼儿受伤后的处理流程	9			
婴幼儿受伤情况记录	时间记录明确	5			
	地点记录明确	5			
	受伤原因记录清晰	8			
通知婴幼儿家长	谈话过程氛围轻松	5			
	与家长沟通善后顺利进行	8			
	提出较为恰当的解决措施	10			
	体现家园共育的理念	5			
	团队合作任务分配合理，效率高	5			
总分		100			

◯ 任务三　应对家长的不合理要求

▣ 任务背景

托小 3 班准备安排寝室床位，彤彤的床位被安排在离空调出风口较近的地方。彤彤奶奶觉得孙女身体较弱，不能吹空调，提出让班主任张老师换一换位置，让彤彤离出风口远一点。但是张老师观察到彤彤爱跑爱跳，活泼开朗，各项身体健康指标也达标，身体并不羸弱。家长们都知道床位摆放的位置，如果开了可以调换顺序的先例，其他家长会产生不满情绪。

如果你是张老师，你应该如何与彤彤奶奶沟通，回绝她的要求，但又不影响工作？

⚑ 任务目标

1. 了解应对家长不合理要求的常见策略。
2. 能运用适宜的方式处理家长的不合理要求。

✓ 任务实施

━━━━━ 步骤一　知识梳理 ━━━━━

一、了解家长的需求和顾虑

家长向教师提出的每一个要求，即使是无理的，也都是"有道理的"。这是因为家长提出的要求，虽然不符合托育机构的集体管理方式，但其也是为了孩子着想，关心自己的孩子，这是可以理解的。因此，为了更好地应对家长的不合理要求，教师应该认真研究家长提出这些要求的出发点，了解家长的真正需求和顾虑，然后有针对性地应对其提出的要求，这也是增进家园双方互相了解的契机。

应对家长的不合理要求

二、从婴幼儿健康成长的角度找回绝理由

教师在回绝家长的不合理要求时，应从婴幼儿健康成长的角度出发找回绝理由。家长提出不合理要求的出发点是为了婴幼儿的健康成长，教师从这个出发点找回绝理由，可以使家长更容易接受，从而与教师达成一致意见。换句话说，让婴幼儿适应集体生活，也是为其步入小学作准备，同样是为了婴幼儿的成长。这样说就不会导致家长对教师的工作态度产生质疑。

🔗 **案例分享**

茜茜不喜欢午睡

茜茜在家没有午睡的习惯,在托育机构,一到午睡时间就哭闹。于是茜茜的家长跟班主任李老师说:"中午她不睡就算了,让她玩玩具吧。"这个在家长看来很简单的要求,在托育机构的集体管理中显然行不通。

于是李老师回应:"托育机构之所以要安排午睡,是有科学依据的。孩子每天保证 12 小时的充足睡眠,有利于其身体健康成长。您的孩子中午在托育机构不肯睡觉,可能是原来在家没有养成习惯。您可以试试让她早上早点起床,把她在家睡觉时用的小枕头和小被子拿到托育机构来,周末你们在家陪她一起午睡,让她慢慢养成习惯。"

李老师的做法很高明:一方面,让家长认识到午睡对孩子健康成长的重要性;另一方面,又为家长提供了解决问题的方法。这样,家长不但乐于接受,而且会对教师心存感激。更重要的是,李老师是用专业知识来说服家长的,这无形中又增加了家长对教师专业素养的认可,这样有利于教师今后更好地开展工作。

三、回绝家长时应注意技巧

对于婴幼儿家长的不合理要求,一些教师可能会感到厌烦,所以在回绝家长的时候常表现得简单粗暴,如直接说"不可能""绝对不可以"等。这样非常不利于与家长进行良好沟通,更不利于解决问题。而双方相互接纳、解决问题才是最重要的。

正确的做法是,在回绝家长的不合理要求时,应根据具体情况使用一定的沟通技巧,可从以下四个基本要点入手:阐明某种不合理要求或不良做法对婴幼儿健康的负面影响;说明良好习惯对婴幼儿健康成长的积极意义;承诺采取一定的措施,循序渐进地让婴幼儿在一段时间内养成良好习惯;请家长配合,以促进婴幼儿的健康发展。

四、职业规范与注意事项

1. 在面向家长的通知要求时,应设想好家长可能会提出的不合理要求,准备好应对策略。

2. 对本班每个婴幼儿都有所了解,熟知婴幼儿发展的生理、心理特点,能有理有据地回绝家长的不合理要求。

========= 步骤二　任务实训 =========

一、任务分组

学生任务分配表

班级			组名			
组长		学号		指导教师		
组员						
姓名	学号	姓名	学号	姓名	学号	

任务分工：

（根据"模拟组织实施"案例分配角色）

二、编写回应方案

1. 家长的不合理要求是什么？

2. 不合理要求会给班级管理带来什么不利影响？

3. 准备如何回绝家长？

三、模拟组织实施

　　请学习小组任选一个家长提出的不合理要求，扮演角色，模拟家长和教师沟通的过程（"任务背景"的案例也要完成）：

　　1. 我家欣欣现在才 2 岁半，还不会自己吃饭，老师能喂喂她吗？

2. 我的孩子不会蹲着大便，在家都是用马桶的。我给您送一个小马桶来吧？专门给他用。

3. 你们若不教我家孩子写字，我就把孩子转到其他托育机构去。

4. 我家孩子每天都要摸着妈妈的耳朵睡觉，午睡时最好也让他摸摸老师的耳朵。

5. 我家孩子在家都是喝果汁，不喝白开水。我们每天送他来园时会顺便带果汁来，麻烦老师让他在托育机构里继续喝果汁吧。

6. 我家孩子每次上完厕所，都是我们帮他提裤子的。麻烦老师在我家孩子上完厕所后帮他提裤子。

7. 这孩子倔得很，我在家经常打他。他要是在班上不听话，你也打他，我支持你！

四、任务实施总结

1. 通过完成上述任务，你学到了哪些知识或技能？
2. 遇到的问题及解决措施
3. 个人体会
签名： 日期： 年 月 日

五、拓展实践

以小组为单位，采访已经进行教学实习的师兄或师姐（形式不限），调查内容建议如下：

1. 是否遇到过家长的不合理要求？他们是如何应对的？
2. 取一两个"模拟组织实施"中的案例进行询问，看他们的应对方式有何不同。

================ 步骤三　思考提升 ================

1. 家长提出不合理要求的原因有哪些？
2. 若家长在班级微信群公开地表达自己的不合理要求，应该怎么办？

================ 步骤四　任务评价 ================

评价内容	评价标准	分值	小组自评	他组评分	教师评分
了解家长的需求和顾虑	明确家长的需求	9			
	能说出不合理要求对婴幼儿的不良影响	10			
	能说出不合理要求对班级管理的不良影响	10			
对不合理要求进行回绝	谈话氛围轻松，进行顺利	15			
	能倾听家长的疑惑和意见，作出合理解释，达成教育共识	10			
	阐明某种不合理要求或不良做法对婴幼儿健康成长的负面影响	15			
	说明良好习惯对婴幼儿健康成长的积极意义	10			
	能说出采取哪些措施，帮助婴幼儿养成良好习惯	10			
	请家长配合，以促进婴幼儿的健康发展	6			.
	组内角色分工明确，展示完整流畅	5			
总分		100			

◯ 任务四 应对家长的不满情绪

◼ 任务背景

琪琪所在的班级来了一位新老师，是新老师负责看午睡以及孩子们的午点。琪琪妈妈连续三天在接琪琪的时候，发现她的秋裤缩到了小腿肚上面，没有塞到袜子里面。冬天很冷，孩子们睡觉起来还在户外活动了一两个小时，琪琪的整条小腿就只有一条外裤包裹着。琪琪妈妈平时是比较好说话的，刚开始只是以为老师疏忽了，但发现连续三天都是这样，便有点生气地找到班主任谢老师说明了情况，还抱怨："你们对孩子不负责任，这么冷的天，也不检查下孩子的裤子。"

如果你是谢老师，你会如何与琪琪妈妈沟通？

◀ 任务目标

1. 能分析引起家长不满情绪的原因。
2. 能运用非暴力沟通的方式应对家长的不满情绪。

⊘ 任务实施

━━━ 步骤一 知识梳理 ━━━

一、正确对待家长的不满情绪

由于托育机构教师的工作很难做得完美，沟通可能存在不到位的地方，加上由于各种原因导致的误解，有些家长难免对教师产生不满情绪，如抱怨、指责甚至愤怒，这都是正常的。通常是因为某种情形出现了很多次或足够严重但得不到重视，家长不能忍受，从而产生不满情绪。

应对家长的不满情绪

对此，教师应当冷静、平和地对待婴幼儿家长的不满情绪，切忌用过激的态度回应家长，这样只会激化矛盾。若不满情绪不能得到及时的应对和有效的化解，可能会影响教师工作的正常进行。面对家长的不满情绪，总的应对原则是：冷静处理、耐心沟通、认真对待。

二、认真倾听家长诉说

当婴幼儿家长表达不满情绪时，无论出于什么原因，教师首先要倾听，哪怕家长存在误解，都不要打断他们的话，也不要辩解或反驳。因为辩解或反驳只会激起家长更大的怒火，激化矛盾。

认真倾听是抚平不满情绪的有效方法。面对家长的不满情绪，教师应该让家长宣泄心中的不满，待其情绪平稳后再与之进行理性的沟通。在倾听过程中，教师要巧妙地运用"基本倾听"和"积极倾听"这样的非暴力沟通方式，使家长的情绪更快地平静下来（见图4-5）。

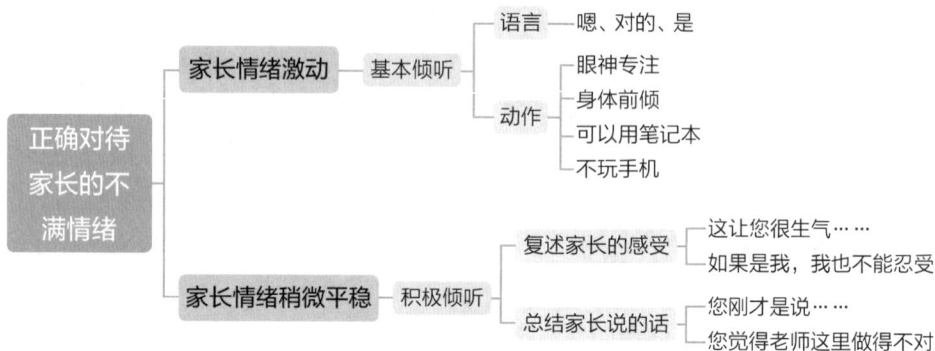

图4-5　倾听家长流程

当家长的情绪比较激动时，教师作为倾听者，不需要说太多，但是必须体现出专注的态度。这时，教师用简单的"嗯、对的、是"来回应，让家长把想说的话说完。当家长的情绪稍微平稳后，教师可以适时反馈（如"那真让人难过""这真是个严重的问题"）、适当提问（如"然后呢"）、表达同理心（如"我知道您很生气""这样确实让您很生气"）等。如果家长在表达不满情绪的过程中，言辞带有侮辱性，教师可暂时找个借口回避一下，万万不可与家长相互辱骂。

案例分享

是客观描述，还是主观臆断？

[案例一] 当家长说"我家孩子很皮，注意力不集中"时，观察和评论混为一谈的沟通为："他是有点皮的，皮没有关系，现在还小，大了自然就好了"；而区分了观察和评论的沟通为："昨天我们在户外玩的时候，他一直在地上爬来爬去，行为习惯还需要再关注一下。"

[案例二] 当家长说"我家孩子挑食、吃饭慢，可能会吃不饱"时，观察和评论混为一谈的沟通为："他是很挑食的，有的菜一口都不吃"；而区分了观察和评论的沟通为："每天中午吃饭的时候，他都会先挑自己喜欢的吃，把不喜欢吃的放在最后，我们也担心他的饮食不均衡。"

[案例三] 当家长说"我家孩子在托育机构表现怎么样？"时，观察和评论混为一谈的沟通为："很好啊，他是个文静的男孩子，上课也很安静，一般不怎么举手，要老师点他，他才发言"；而区分了观察和评

论的沟通为："今天上课的时候，他很安静地听老师讲故事，当老师问他问题时，他表达得很清楚。"

　　当教师与家长沟通时，如果将观察和评论混为一谈，教师就会倾向于用片面性的、绝对化的语言，这种语言既无法表明孩子在园生活的真实状态，也不能给家长提供有价值的信息。因此，教师在沟通时要区分观察和评论，清楚客观地描述观察结果。

三、对家长表达尊重

　　教师在倾听家长表达不满情绪之后，应给予积极的回应。无论家长是否存在误解，教师都可以先就因误解引起的不满进行道歉，如"我们没有做好工作，让您误解了，真抱歉"。待家长冷静下来后，再作出解释或者合理的分析，并告知家长托育机构将采取什么措施来避免问题再次发生。

　　教师在应对婴幼儿家长的不满情绪时，应自始至终尊重家长，始终从家长疼爱孩子的角度来理解家长的心理，并从关爱孩子的角度谈论问题，这样有利于抚平家长的不满情绪。教师应当意识到，家长产生不满情绪，说明其关心孩子的成长，这是家园合作和沟通的基础。家长的不满可以成为教师成长的动力，教师应当对家长心存感激，从他们的不满中得到启发，不断地改进工作，提高专业能力。因此，在应对有不满情绪的家长时，首先应感激家长，其次应多鼓励他们提出建设性意见，如"谢谢您的反馈！""如果您是我，应该怎样做才好呢？""我非常欣赏您这样直言不讳的家长，您的建议我会考虑的"等。

四、职业规范与注意事项

1. 沟通时要注意用非暴力沟通方式，避免与家长发生正面冲突。
2. 注意礼仪礼节，做到不卑不亢，对家长的反馈给予积极的回应。
3. 记录家长提出的建设性意见，上报托育机构领导或落实到班级管理之中。

■■■■ 步骤二　任务实训 ■■■■

一、任务分组

学生任务分配表

班级			组名		
组长		学号		指导教师	
组员					
姓名	学号	姓名	学号	姓名	学号

任务分工：

（根据"模拟组织实施"案例分配角色）

二、编写与家长沟通方案

1. 家长对什么事情感到不满?

2. 基本倾听和积极倾听情况

3. 最后达成的解决办法

4-4-4

三、模拟组织实施

请学习小组根据基本倾听和积极倾听的非暴力沟通方式，任选一个家长的不满情绪进行应对（"任务背景"的案例也要完成）：

1. 我家可可头上被抓了一道指甲印，你们老师都是瞎的吗？不看孩子的吗？！

2. 每次我来接，橙橙的鞋子都是穿反的，老师都不检查的？

3. 班级群里的照片，没有一张是拍到我家孩子的，我也想看看我家孩子在园的情况。

4. 贝贝告诉我，就是那个小胖咬她肩膀，这不是第一次了！现在要不那个小胖转园，要不我们转园！

四、任务实施总结

1. 通过完成上述任务，你学到了哪些知识或技能？

2. 遇到的问题及解决措施

3. 个人体会

签名：

日期：　　年　月　日

五、拓展实践

以小组为单位，调查正在进行校外实习的师兄或师姐处理家长不满情绪的情况，调查内容建议如下：

1. 是否自己亲身经历或看到别的教师处理家长不满情绪？
2. 自己或别人在处理家长的不满情绪时是否恰当？如不恰当，可以如何改进？
3. 家长常常因为哪些问题产生不满情绪？

步骤三　思考提升

1. 非暴力沟通方式包含哪些内容？
2. 日常生活中如何使用非暴力沟通方式解决矛盾？

步骤四　任务评价

评价内容	评价标准	分值	小组自评	他组评分	教师评分
了解家长的不满情绪产生的原因	明确家长的需求	10			
	明确家长不满的原因	10			
	能说出事情发生的前因后果	10			
能正确应对家长的不满情绪	谈话氛围轻松，进行顺利	15			
	能倾听家长的疑惑和意见，作出合理解释，达成教育共识	10			
	运用基本倾听	15			
	运用积极倾听	10			
	能说出采取哪些措施，改进家长的反馈	15			
	组内角色分工明确，展示完整流畅	5			
总分		100			

【项目测试】

项目测试四

项目导读

　　社区是指长期在同一地区居住和生活的人群。家庭是社区的基本单位，因此社区的人群包括每个家庭的父母、婴幼儿与老人。婴幼儿教育是社区生活的有机组成部分，是一种区域性、社会性教育。

　　新时期的婴幼儿教育并非仅限于专门的托育机构中的教育，还应包含家庭与社区的各个方面，三者之间相互联系、相互影响、密不可分。因此，充分发挥家庭和社区在婴幼儿成长与发展中的重要作用，建立起托育机构、家庭、社区"三位一体"的婴幼儿协同教育共同体，这不仅能够填补托育机构教育的空缺，还能充分发掘家庭与社区自身的优势资源，配合托育机构构建资源共享平台，有效提高整个社区成员对家园共育的认识与参与程度，为婴幼儿的健康成长创造良好的家庭环境和社区环境，对促进婴幼儿的身心健康和整个社区的发展都具有特别重要的意义。家园—社区婴幼儿协同共育工作主要包括建立社区科学育儿指导服务中心、组织社区家庭教育培训，以及开展社区家庭入户指导、社区亲子活动等。

教学目标

◎素质目标

1. 树立服务家长的意识。

2. 养成团队合作的能力。

3. 领会家园—社区协同共育的新模式。

4. 感受家园—社区协同共育实践的魅力。

◎知识目标

1. 能说出家园—社区协同共育的主要工作的含义与作用。

2. 能说出家园—社区协同共育的常见内容与形式。

◎能力目标

1. 能制订家园—社区协同共育的活动方案。

2. 能组织实施家园—社区的协同共育活动。

项目导览

```
                                    ┌─ 社区科学育儿指导服务中心的含义与作用
                                    ├─ 社区科学育儿指导服务中心的服务内容与形式
                    建立社区科学育儿指导服务中心 ┤─ 社区科学育儿指导服务中心的建设路径
                                    ├─ 开展社区家庭育儿需求问卷调查的组织策略
                                    └─ 职业规范与注意事项

                                    ┌─ 社区家庭教育培训的含义与作用
                    组织社区家庭教育培训 ┤─ 社区家庭教育培训的内容与形式
                                    ├─ 社区家庭教育培训活动的组织策略
                                    └─ 职业规范与注意事项
 家园—社区婴幼
 儿协同共育工作
                                    ┌─ 社区家庭入户指导的含义与作用
                    开展社区家庭入户指导 ┤─ 社区家庭入户指导的内容与形式
                                    ├─ 社区家庭入户指导活动的组织策略
                                    └─ 职业规范与注意事项

                                    ┌─ 社区亲子活动的含义与作用
                    开展社区亲子活动 ┤─ 社区亲子活动的内容与形式
                                    ├─ 社区亲子活动的组织策略
                                    └─ 职业规范与注意事项
```

任务一　建立社区科学育儿指导服务中心

任务背景

橙汁宝贝托育机构充分整合政府、托育机构、家庭、社区的教育资源，为了深入了解社区家庭的育儿需求，以便更好地开展社区科学育儿指导主题活动，近日已经与文博社区成立了社区科学育儿指导服务中心。你是托育机构的教学主管教师，接到园长的任务，请你组织相关工作人员一起研讨。

要求：请你根据任务情境，围绕本社区的0～3岁婴幼儿的数量、家庭基本情况、教养入托情况及家长对早教的认识与需求情况等，与团队成员共同制定《0～3岁婴幼儿家庭育儿需求调查问卷》并模拟实施。

任务目标

1. 了解社区科学育儿指导服务中心的含义与作用、服务内容与形式以及建设路径。

2. 能根据开展社区家庭育儿需求问卷调查的组织策略合理分工，科学制定调查问卷。

3. 能根据制定的调查问卷模拟组织实施，展现良好的职业素养。

任务实施

===== 步骤一　知识梳理 =====

一、社区科学育儿指导服务中心的含义与作用

（一）社区科学育儿指导服务中心的含义

社区科学育儿指导服务中心主要指以社区为依托，充分整合政府、企业、社会组织、社区等多方资源，协同打造的服务社区家庭的公益性、普惠性的婴幼儿早期发展公共服务平台，其主要任务是开展0～3岁婴幼儿健康管理、婴幼儿免费筛查或体检、婴幼儿早期发展宣传倡导、社区家庭教育培训，推广科学育儿专业知识、科学育儿入户指导，开展社区亲子活动等，在关键的"最后一公里"为准父母和0～3岁婴幼儿家庭提供科学育儿支持。社区科学育儿指导服务中心是促进婴幼儿身心全面发展的重要载体，是促进家园—社区协同共育发展的重要阵地。

（二）社区科学育儿指导服务中心的作用

社区拥有丰富的资源，可以最大限度地发挥社区家庭教育的价值，包括场

地、设施设备、图书资料等物质资源。社区可以让托育机构、家庭与社会紧密结合开展家庭教育，能更加了解和关注婴幼儿家庭教育的实际需求。建立社区科学育儿指导服务中心可以充分了解社区家庭教育现状，充分发挥社区家庭教育的作用，从而形成婴幼儿早期教育与家庭教育、社区教育相结合的育人平台，充分发挥出家园—社区婴幼儿协同共育的整体功能。

1. 实现幼有所育民生工程的重要保障

依照党的二十大报告的要求，我们要深入贯彻以人民为中心的发展思想，在幼有所育、学有所教、劳有所得、病有所医、老有所养、住有所居、弱有所扶上持续用力，全方位改善人民生活。0～3岁婴幼儿托育服务体系建设，是实现幼有所育民生发展的核心与重点。尽快做好家园—社区婴幼儿协同共育的工作，在零起点上重构托育服务体系，积极建立社区科学育儿指导服务中心，为广大0～3岁婴幼儿家庭提供早期发展科学育儿指导服务，在全社会树立早期发展科学育儿的新理念，主动承接目前全部由家庭承担的育儿责任，补充家庭自我服务的不足，降低生育、养育成本，这是满足广大人民群众民生需求的重要举措。

2. 弥补家庭科学育儿经验的不足，提升家长的育儿知识与能力

我国的婴幼儿教育还存在许多问题。例如，许多家长没有受过专业训练，不了解孩子的身心状况，对健康知识的了解程度也不够，不能很好地促进婴幼儿的健康成长。因此，通过建立社区科学育儿指导服务中心，依托社区为0～3岁婴幼儿家庭传授更专业、更权威的科学育儿知识和技能，这不仅可以将0～3岁婴幼儿早期发展科学育儿的理念直接传播给成千上万的家庭，让家长真正感受到早期教育对婴幼儿的成长有着不可忽视的作用，还能够让每个家庭体验社区教育这一项惠民服务，弥补家庭科学教育的不足，使家长能够获得有效的育儿方法，从而提高家长对婴幼儿健康发育知识的认知水平与实际育儿能力。

3. 有利于婴幼儿身心全面和谐地发展，提高人口素质

在0～3岁婴幼儿的成长阶段，他们大部分的时间都是在社区活动，社区担负着婴幼儿早期教育的责任和义务。社区科学育儿指导服务中心可以发挥社区早期教育作用，让更多的婴幼儿接受早期教育。0～3岁婴幼儿的健康状况与家庭的幸福、国家的未来息息相关。建立社区科学育儿指导服务中心，可以为家庭育儿提供指导，广泛普及早期发展科学育儿知识，提高0～3岁婴幼儿家长对早期发展科学育儿知识和技能掌握水平，提高每一个家庭的教育质量。这不仅能够增加我国0～3岁婴幼儿受教育的程度，改善0～3岁婴幼儿的生长发育水平和营养状况，降低营养性疾病和心理性疾病的发病率，还更有利于为婴幼儿的成长创造良好环境，促进我国0～3岁婴幼儿身心健康的全面发展，改善人口的健康资本和智力资本，提高人口素质，为民族振兴提供有力的人才保障。

二、社区科学育儿指导服务中心的服务内容与形式

社区科学育儿指导服务中心集合了教育、医疗、心理等领域的知名专家和优质资源，逐步形成稳定的专家团队和高质量的服务标准，在推进实施育儿指导服务的过程中，各部门从实际出发，高度整合资源，因地制宜，通过开展育儿知识宣传、讲座与咨询、入户指导、家长沙龙、热线电话、家庭指导手册、主题活动、亲子活动集中指导、一对一指导、科学育儿信息平台等多样化的内容与形式，为社区0～3岁婴幼儿家长提供长效化、项目化的科学育儿指导服务，并不断结合家长的需求和反馈，探索新形式、新途径。实践证明，社区科学育儿指导服务中心这一模式受到了广大婴幼儿家庭的欢迎，并且为全民科学育儿公共服务提供了一种经济有效的解决方案。

（一）宣传倡导

通过发放知识宣传手册、社区广场板报、定期举办社区健康知识讲座、成立健康教育兴趣小组、开展义诊咨询活动、定期上门随访、利用新媒体（如微信小程序、微信公众号、政府网站等）、制作宣传栏等多种形式，及时与家长联系并对育儿健康知识方面的相关问题提供指导。同时向家长提前预告社区科学育儿教育活动的时间和地点，方便家长知晓和参与，切实提高家长关于婴幼儿健康教育的意识和技能。

（二）专题讲座及培训

与妇幼保健院的专家团队联合携手，定期在社区组织开展儿童营养、常见病预防、小儿推拿、中医适宜技术、亲子阅读、亲子沟通等专题讲座及培训，为社区的婴幼儿家庭持续提供专业的医疗、教育、心理等方面的咨询指导。在社区营造良好的指导氛围，提高家长的参与度，提高规范服务指导率，提升家长科学育儿的知识技能储备与实际操作能力。

（三）家庭入户指导

依托丰厚的教育资源，向社区内有需求的0～3岁婴幼儿家庭定期提供针对性的入户指导，进入家庭指导养育者掌握科学的育儿知识，贯彻传达"早发现、早干预"的科学育儿理念，使家长和婴幼儿足不出户就能享受到科学、便利的育儿指导。

（四）社区亲子活动

与托育机构、早教机构以及医疗机构合作共建，定期组织开展亲子阅读、亲子运动、亲子手工等妙趣横生的系列活动，大力推广0～3岁婴幼儿早期运动与智力开发，为相应家庭提供针对性的专项指导，让家长在氛围轻松、内容充实的活动中体验和掌握科学育儿的经验，助力婴幼儿健康成长。

（五）儿童健康管理

在与妇幼保健院合作的基础上，践行"医养教结合"的理念，采取中心定点服务与社区巡诊相结合的方式，在社区开展早期发展科学育儿指导服务，重点针对贫血、超重/肥胖和营养不良的婴幼儿进行专案管理、随访及双向转诊工作，还可以针对发育迟缓、心理行为发育异常的婴幼儿和残疾婴幼儿免费开展康复训练等。

（六）沟通服务平台

借助社区服务中心、居委会及妇幼保健院等服务窗口，开通"社区科学育儿指导服务中心微信服务平台"，通过相关 APP、微信公众号等定期向家长推送关于亲子沟通、疾病预防、营养保健、亲子阅读等方面的知识，将优质的育儿资源送到社区家长身边，为广大家长提供一个集需求反馈、信息发布、预约服务、健康咨询、绘本借阅以及科学育儿知识宣教的沟通服务平台，助力家长科学养育。

三、社区科学育儿指导服务中心的建设路径

（一）调研成立

1. 需求调研。联合教育、医疗、心理等领域的相关负责人赴社区开展专题调研，进行社区家庭育儿需求现状调查，全面了解社区家庭在育儿方面的实际情况，为制定相关育儿指导服务工作目标提供依据。

2. 构建机制。探索建立社区科学育儿指导服务中心领导协调机制，成立领导小组，制订社区科学育儿指导服务中心工作实施的具体方案，构建服务管理保障机制、育儿指导队伍培育机制、服务载体实体化机制等，进一步明确各相关部门的职责、任务，密切协作，形成统分结合、部门合作的组织保障体系，使社区的科学育儿指导工作以部门联动、条块结合的方式达到优势互补、资源共享。

3. 成立宣传。在完成前期调研与筹备制订相关制度方案的基础上，充分利用各种宣传渠道，开展多种形式的宣传活动，举办社区科学育儿指导服务中心成立仪式。

（二）全面实施

1. 完善制度。逐步完善组织管理架构和指导服务体系，可以分别建立城区级、社区级科学育儿指导服务工作组。城区级指导服务工作组由城区卫健委、妇幼保健院、托育早教指导中心负责人组成，主要指导社区中心工作的实施和问题的协商解决；社区级指导服务工作组由社区卫生服务中心、早教指导分中心成员组成，形成例会制度，落实上级要求，分析辖区内科学育儿的主要问题，采取针对性措施，开展培训指导。

2. 优化队伍。依托当地妇幼保健院作为区域内婴幼儿健康管理的业务指导机构，成立 0～3 岁科学育儿服务培训质控组，承担社区科学育儿工作指导培训、质控评估的职责。定期对社区科学育儿指导人员进行业务培训，结合日常工作对各社区开展业务督导，每季度或半年进行质控评估，完成质控情况报告。通过培训督导质控，加强科学育儿指导人员队伍建设，优化指导服务的内容和要求。逐步拓展有资质的育婴师队伍，保障科学育儿指导服务工作顺利开展。

3. 落实服务。根据社区科学育儿指导服务中心工作实施方案的要求，在当地卫健委的统筹下，在当地妇幼保健院的业务指导下，动态结合社区 0～3 岁婴幼儿存在的主要养育问题和家长的需求，确定宣传主题，制作宣教作品，由社区积极组织发动，每月或每季度在社区开展有一定影响力、惠及面广的育儿健康教育主题活动，并逐年增加科学育儿指导的覆盖家庭数量，不断探索行之有效的社区科学育儿指导服务模式，为 0～3 岁婴幼儿家庭提供形式多样、内容丰富、便捷有效的服务，落实家庭养育指导，普及科学育儿知识。

（三）总结提高

1. 总结宣传。总结社区科学育儿指导服务中心工作的成功做法，积极开展宣传工作，通过主题宣传积累经验，逐步形成长效工作机制。

2. 拓展提升。逐步推进拓展指导服务的内容与形式，进一步健全社区科学育儿指导服务工作平台，进一步深化服务体系长效工作机制，明确今后指导服务体系工作的性质任务、指导内容、工作模式、评比表彰，有效提升家庭科学育儿的质量。

四、开展社区家庭育儿需求问卷调查的组织策略

在各项工作实际开展之前，工作人员一般会通过调查研究来获得相关的信息和数据。实际调查的方法很多，比如问卷调查、个别访谈、现场察访、开调查会、统计调查、网络调查等。其中问卷调查作为实现调研目的和收集数据的必要手段，因省时省力，又比较全面系统，在日常工作中备受青睐。调查结束后，一份有深度的、能准确反映情况和分析问题的调查报告可以成为领导制定政策、解决问题、开展工作的有力依据，但如果调查报告中的资料、数据失实，则可能导致工作人员作出错误判断，失去其调查意义。因此，在实际工作中应当合理运用相关策略来设计调查问卷，有效开展调查工作。

（一）准备工作

1. 明确调查目的与对象

调查目的是问卷设计的灵魂，问卷设计的第一步就需要对所调查的"育儿需求"进行明确的定义，这决定着调查对象的选择、调查范围的确定、调查内容的设计、调查结果的分析。

笔记栏

2. 设计调查问卷

想要获取科学可靠的育儿需求信息，需要设计出合乎调查目的的调查问卷。要围绕调查内容，从不同角度、不同方面来设计问题，具有合理性、准确性、艺术性。在设计过程中要考虑问题的用词、问题的数量、问题的顺序。

问题的用词要选用简单、直接、无偏见的词汇，问句宜短不宜长，句子结构应该口语化，语气和蔼、亲切，设问要具体，防止使用一般性或笼统性字眼，避免使用带有引导性的词语，避免暗示自己的观点。

一份问卷到底要设置多少个问题，没有固定的标准，这需要调查者根据调查的内容和拥有的人力、物力等因素来综合考虑。一般来说，设计的题目不宜太多，问卷整体不宜太长。通常以被调查者能在 20 分钟内完成为宜，最多不要超过 30 分钟。太长的问卷往往会引起被调查者的厌倦情绪，从而影响答卷的质量。若问题数量过少、内容过于简略，研究结果则会缺乏说服力。

问题的顺序可以按问题的性质排列，或按照问题的复杂、困难程度排列（如先易后难、先客观事实后主观状况、先一般后特殊），也可以按照时间顺序、问题的类别编排（如个人基本资料、行为问题、态度问题）等。

3. 测试与修订

设计完问卷初稿之后，还需要进行模拟测试与修订，这样可以帮助调查者根据模拟测试中发现的问题，对已编制好的问卷逐条逐项地审核修订。

问卷初稿形成后的测试修订可分为三个环节：首先，邀请相关研究方向的专家或同行对问卷内容进行评估，删除其中不合理的选项；其次，选择与研究样本类似的小范围的研究对象，以面对面的形式进行尝试性测试与跟踪访谈，修改问卷中可能存在的问题；最后，对测试数据进行可信度和有效度分析，并根据结果对问卷作出调整、修订。

（二）调查实施

1. 确定问卷调查方式

问卷调查通常有面对面发放调查问卷、发送邮件等方式，随着网络的普及，网络调查被广泛使用，常用的网络调查网站有问卷星、问卷网、乐调查、微信问卷调查等。其主要优势有及时性、交互性、突破时空性等，且可以节省传统调查中的人力和物力。

无论是哪种调查方式，问卷调查的核心均在于调查者在较短的时间内从一个相对较大的研究群体中获得对一套精心设计的问题的答复，调查结果可用于指导工作决策或检验工作效果。但在网络调查中，由于调查者与被调查者并非面对面地交流，被调查者可能会选择弃答或虚假作答，导致调查结果的可信度和有效度降低。因此，设计一份目标明确、题量适宜、编制有效的调查问卷是决定调查结果有效性的根本保证。

笔记栏

2. 问卷的发放

问卷的发放一定要注意尽可能有利于提高问卷的填写质量和回收率。可以由调查者本人亲自到现场发放问卷，也可以委托他人发放问卷。只要调查者有时间，在取得相关的支持和配合后，应尽可能亲自到场发放问卷并指导被调查者填写问卷，这有利于提高问卷的填写质量和回收率。如果委托他人发放，则一定要委托负责任的组织或者个人，决不能草率行事。

3. 问卷的回收

问卷发放以后，要注意及时回收。问卷回收后，应一份一份地进行检查筛选，剔除无效问卷。无效问卷就是一份问卷中有一些题目没有被回答或者漏答。为避免影响整体有效性，应该将无效问卷作废。对于所有题目都填写同一个答案的问卷（例如所有判断题都选择是），需要调查者考虑问卷题目本身的内容，自行判断是否删除。

一般来说，回收率在30％时，问卷结果只能作为参考；50％以上时，可以采纳建议；70％～75％时，才可以作为研究结论的依据。

（三）调查分析

1. 整理结果

检查收回的调查问卷份数是否齐全，是否达到了调查方案设计中对样本量的要求。如果调查问卷份数不够，应查明原因，采取补救措施，如重新拜访或更换调查对象。

检查、审核问卷填写的项目是否完整，一般有以下三种情形。

（1）大面积的无回答，或者相当多的问题无回答，对此应作废卷处理。

（2）个别问题无回答，应视为有效调查问卷，在后续工作中对所留空白采取补救措施，或将它直接归入"暂未决定""其他答案"的类别中。

（3）有相当多的调查问卷对同一问题无回答，仍作为有效调查问卷，对此项提问可作删除处理。

检查问卷中的项目是否存在填写错误，一般有以下三种情形。

（1）逻辑性错误，表现为某些答案明显不符合事实，或者前后不一致。对这类错误，能够用电话核实的可进行更正，无法核实的按"不详值"对待。

（2）答非所问的答案，一旦发现，应通过电话询问进行纠正，或按"不详值"对待。

（3）乏兴回答的错误，如所有问题都选择同一固定编号的答案，或者一笔带过若干个问题。如这类回答仅属个别问卷，应彻底抛弃；如这类回答的问卷有一定的数量，且集中出现在同一类问题上，应把这些问卷作为一个独立的子样本对待，在资料分析时给予适当的注意。

2. 分析数据

登记各项调查的结果，统计、计算各项平均数、标准差、百分比，完成调查问卷的统计，将数据通过表例、图例对比整理后直观、清晰地展示出来，使之能清晰明了地反映调查总体属性的分布态势和相互关系，通过分析、综合、比较，揭示事物间的联系及变化规律，从而进行一些基本的数据分析，有助于后续分析和预测。

还可以采用专业的分析软件进行调查问卷的结果分析，比如 SPSS（Statistical Package for the Social Sciences）软件，这是目前适用较广泛的一种调查问卷分析工具。简单地说，用 SPSS 软件分析主要包括数据录入、选择调用分析方法、保存分析结果这三个步骤。借助软件进行分析，可以大大提高数据分析的速度和效率。无论用哪一种方法进行分析，都要注意尊重客观实际，只有这样才能得到更加准确的分析结果。

3. 撰写调查报告

调查报告是对某项工作、某个事件、某个问题，经过深入细致的调查后，将调查中收集到的材料加以系统整理，再进行分析研究，以书面形式向组织和领导汇报调查情况的一种文书。调查者在对问卷结果进行详细的整理分析后，需要将在问卷中发现的问题和提出的建议撰写成调查报告，以此作为研究的成果，供研究者和其他人借鉴。

调查报告不管采取何种类型、格式，其撰写都包括确定主题、形成观点、精选素材、拟订提纲、起草报告和修改定稿六个步骤。

（四）调查总结

工作总结是对一定时期内的工作加以总结、分析和研究，肯定成绩，找出问题，得出经验教训，摸索事物的发展规律，用于指导下一阶段工作的一种书面文体。工作总结是工作中的重要环节。通过总结，可以全面、系统地了解以往的工作情况，正确认识以往工作中的优缺点，明确下一步工作的方向，少走弯路、少犯错误，提高工作效率。

因此，在撰写完问卷调查报告之后，要及时总结在整个问卷调查工作中所获得的经验，分析梳理工作中遇到的问题，及时反思改进，撰写问卷调查工作总结，为后续工作的组织开展奠定扎实的基础。

🔗 案例分享

长宁中心复兴社区：科学育儿进社区 提升育儿幸福感

为了让社区居民了解科学育儿的重要性，满足家长对科学育儿知识的需求，近日，长宁中心复兴社区计生协、妇联开展了"科学育儿进社区 提升育儿幸福感"主题活动，帮助社区居民解决在育儿中遇到的问题。

　　活动现场开设了针对 0～3 岁婴幼儿家庭的育儿讲座，讲师深入浅出地向家长们介绍了婴幼儿生长发育、婴幼儿行为习惯、儿童健康理念、常见疾病预防与观察、儿童生长发育特点及科学喂养等方面的知识。讲师通过对科学育儿知识的细致讲解，指导家长掌握科学育儿方法。活动现场还邀请家长填写关于"科学育儿知识"的调查问卷，更有针对性地解答家长在育儿过程中的困惑和难题，让家长在以后的育儿路上少走些弯路。

　　通过参加此次活动，家长们受益匪浅，不仅学习了科学的、正确的育儿知识，还更加详细地了解了婴幼儿生长发育的特点和科学育儿方法。复兴社区通过倡导科学育儿理念，普及科学育儿知识，在社区形成了重视科学育儿的良好氛围。

五、职业规范与注意事项

　　1. 在制定调查问卷的过程中，要结合社区科学育儿指导服务中心的主要服务内容与形式，合理设置问卷内容，措辞要准确完整，不要模棱两可，安排上应先易后难，尽量做到全面了解社区每个家庭的状况及家长早期教育的需求。

　　2. 在选择问卷调查方式时，既要充分考虑合理使用现代信息技术手段，也要保护好被调查者的隐私，避免信息泄露。

　　3. 在正式印刷调查问卷时，应注意纸张及装订质量，保证调查问卷的整洁、严谨，让被调查者感觉到调查活动的正式、严肃。

　　4. 在开展大型调查活动前，最好预先在小范围内进行测试。其目的主要是找出问卷中存在歧义、解释不明确的地方，寻找封闭式问题的额外选项，以及了解被调查者对调查问卷的反映情况，从而对调查问卷进行修改和完善，以保证问卷调查活动的目的顺利实现。

　　5. 如果采用入户发放问卷的调查方式，调查者着装应大方得体，言行举止都要展现调查者的文明素质和专业素养，对家长要持平等的态度，注意讲话方式，表述简明扼要、语言诚恳热情，要说明问卷的保密性与匿名性，以消除调查对象的顾虑。

　　6. 调查后应及时进行工作总结与反思，根据调研数据对社区科学育儿指导活动的主题和内容做动态调整，充分体现家园—社区协同共育的理念。

一、任务分组

学生任务分配表

班级			组名		
组长		学号		指导教师	
组员					
姓名	学号	姓名	学号	姓名	学号
任务分工:					

二、设计社区家庭育儿需求调查问卷

1. 明确调查目的和对象

调查目的:

调查对象:

2. 设计调查问卷

设计思路:

题型、题量:

3. 测试与修订

测试情况:

续表

修订内容：
4. 制作《0～3岁婴幼儿家庭育儿需求调查问卷》（扫二维码观看参考案例） 《0～3岁婴幼儿家庭育儿需求调查问卷》

三、模拟组织实施

请学习小组根据本组制定的《0～3岁婴幼儿家庭育儿需求调查问卷》，参照问卷调查活动组织实施流程图，分角色模拟组织实施橙汁宝贝托育机构入社区开展问卷调查活动。

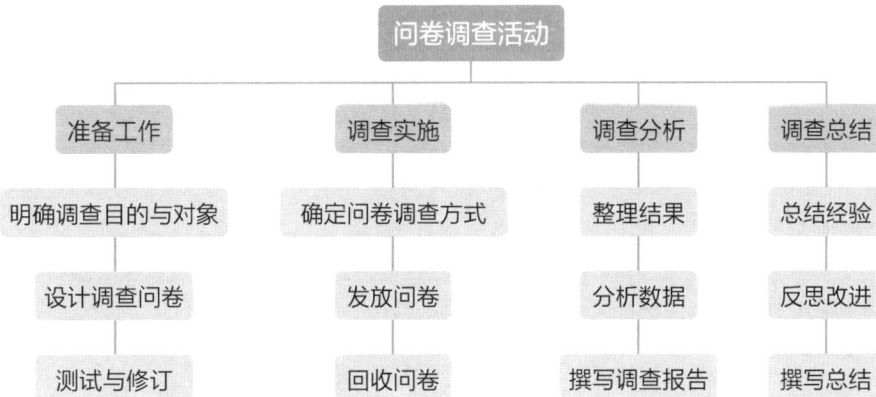

```
                          问卷调查活动
         ┌───────────────┬───────────────┬───────────────┐
      准备工作          调查实施          调查分析          调查总结
         │               │               │               │
   明确调查目的与对象   确定问卷调查方式     整理结果           总结经验
         │               │               │               │
     设计调查问卷         发放问卷          分析数据          反思改进
         │               │               │               │
      测试与修订          回收问卷        撰写调查报告         撰写总结
```

四、任务实施总结

1. 通过完成上述任务，你学到了哪些知识或技能？
2. 遇到的问题及解决措施
3. 个人体会
签名： 日期：　　年　月　日

五、拓展实践

以小组为单位，在校企合作托育机构开展家庭育儿需求问卷调查，具体建议如下：

1. 尝试为该园设计一份家庭育儿需求调查问卷初稿，并与托育机构教师共同研讨，修订完善调查内容。

2. 选择托育机构中一个年级的所有班级，进行面对面的问卷调查工作，撰写调查报告。

━━━━━ **步骤三　思考提升** ━━━━━

1. 社区科学育儿指导服务中心的作用是什么？

2. 社区科学育儿指导服务中心的服务内容与形式有哪些？

3. 设计社区家庭育儿需求调查问卷的题目需要注意哪些方面？

4. 开展社区家庭育儿需求问卷调查的过程中要注意什么？

━━━━━ **步骤四　任务评价** ━━━━━

评价内容	评价标准	分值	小组自评	他组评分	教师评分
社区科学育儿指导服务中心的含义与作用	能说出社区科学育儿指导服务中心的含义	5			
	能说出社区科学育儿指导服务中心的作用	5			
社区科学育儿指导服务中心的服务内容与形式	能说出社区科学育儿指导服务中心的服务内容	5			
	能说出社区科学育儿指导服务中心的服务形式	5			
社区家庭育儿需求问卷调查的组织策略	能说出社区家庭育儿需求问卷调查的组织策略	10			
社区家庭育儿需求调查问卷的设计	家庭育儿需求调查问卷的目的和对象明确	5			
	能结合社区科学育儿指导服务中心的主要服务内容与形式设计问题，体现家园共育的理念	10			
	问卷措辞准确完整，顺序上先易后难	5			
	调查问卷体例完整	10			
	能仔细核对问卷内容，合理使用信息技术手段，避免实施过程中出现错漏	5			

评价内容	评价标准	分值	小组自评	他组评分	教师评分
社区家庭育儿需求问卷调查的实施	组内角色分工明确，展示完整流畅	5			
	调查者着装大方得体，言行举止文明	5			
	调查者表述简明扼要，语言诚恳热情	10			
	能倾听家长的疑惑和意见，作出合理解释，达成教育共识	5			
	能完成调查报告和工作总结	10			
总分		100			

任务二　组织社区家庭教育培训

任务背景

　　根据文博社区科学育儿指导服务中心的工作计划，本月将在社区组织一场0～3岁婴幼儿家庭科学育儿教育培训活动，该活动由橙汁宝贝托育机构负责组织实施。你是托育机构的教学主管教师，接到园长的任务，请你组织相关工作人员一起研讨。

　　要求：请你根据任务情境，围绕社区家庭教育培训的主要内容与形式，与团队成员共同研讨，制订社区家庭教育培训活动方案并模拟实施。

任务目标

　　1. 了解社区家庭教育培训的含义与作用、内容与形式。

　　2. 能根据社区家庭教育培训的组织策略合理分工，团队合作，制订社区家庭教育培训活动方案。

　　3. 能根据制订的社区家庭教育培训活动方案模拟组织实施，展现良好的职业素养。

任务实施

━━━━━ 步骤一　知识梳理 ━━━━━

一、社区家庭教育培训的含义与作用

（一）社区家庭教育培训的含义

　　指导家长科学育儿，这是社区科学育儿指导服务中心义不容辞的责任，也是托育机构践行家园—社区协同共育工作的核心服务内容之一。家庭应该成为托育机构重要的合作伙伴。

　　依托社区科学育儿指导服务中心组织开展的社区家庭教育培训活动，主要指整合托育机构、社区和家庭的教育力量，扩大有限的教育资源，有组织、有系统地采取多种有效的方式向家长宣传先进的教育思想和科学育儿知识，帮助家长提高育儿水平和技巧，逐步改进和优化家庭教育成效，推动家园—社区在科学育儿问题上达成共识，以促进婴幼儿身心健康成长为目的的一种教育过程。

（二）社区家庭教育培训的作用

　　社区家庭教育培训作为0～3岁婴幼儿家庭科学育儿指导的主要渠道，应本着尊重、平等、合作的原则，积极争取家长的理解、支持，通过社区家庭教

笔记栏

育培训向家长提供较先进的教育理念和科学育儿方法，解决家长在养育孩子时遇到的一些困惑，帮助家长有效提高育儿能力，创设一个完整、适宜、一致的促进婴幼儿健康成长的教养环境。

1. 推动家长的养育观念、教育素养转变和提升

作为社区家庭教育培训的对象，家长在日常的家庭生活中积累了相对丰富的自我提升、家庭建设和子女培养的认识和感受，但是因为不够概括化和系统化，还不足以对教育实践形成全面、科学的指导。因此，开展社区家庭教育培训有利于提高家长对家庭教育指导的重视程度，进而增强家长对家庭教育指导的参与意识与责任意识。家长通过在家长教育方面的系统培训，能转变自身的教养理念与行为，形成科学的养育观念，掌握有关的家庭养育与教育方面的知识与技能，进而在提高家长教育素养和家庭教育的水平与效益的基础上，实现提高全民族的文化与素质的终极目的。

2. 帮助家长科学选择和正确运用教养方法

养育和教育子女，不但要有科学的观念和知识，而且必须具有把这些观念和知识运用于家庭教育实践的能力。家庭教育的方法有很多，通过社区家庭教育培训让家长接受教育，可以使家长了解婴幼儿在各年龄段的特点，并交流探讨在养育方法、情绪管理、沟通技巧、品格养成等方面的具体方法和技巧，让家长更好地掌握育儿技能，从而有效地指导家长在什么情境下采用什么教养方法、在哪一个年龄阶段变换教养方式、如何针对孩子的不同表现具体运用某一种教育方式。帮助家长掌握这些必备的育儿技能，从而有效地提升家长科学育儿的能力。

3. 推进家园—社区协同共育的发展

在家园共育工作中，婴幼儿的成长发展涉及方方面面，相关工作也无法穷尽，如何依托家庭和社区的共享资源，有的放矢地开展社区家庭教育培训，实现家园、社区一体化教育，最高效地提供优质服务极为关键。所以，社区家庭教育培训通过大量观察、调研、访谈等方式，收集家园共育工作中的难点，并细分到不同家庭、不同年龄段等维度上，然后有针对性地研讨并践行可行的培训方案。针对性的服务不仅能给家长带来科学的育儿观念、教育理念，使他们获得理论指导，更能为婴幼儿的成长创设良好的教养环境，指导家长在真实的家庭生活中开展教育实践，从而促进托育机构、家长、婴幼儿的同步发展，推进家园—社区协同共育的开展。

二、社区家庭教育培训的内容与形式

社区家庭教育培训是普及家庭养育知识的有效渠道，是开展家园—社区协同共育工作的重要平台。宣传家庭教育知识，满足家长对提高家庭教育水平的需要，及时指出家长的教养误区，提供有效的教养方法，这也是家园—社区协同共育工作的重要任务。在社区家庭教育培训的过程中,要真正做到家园互动、共同学习,共同促进婴幼儿的健康成长。根据我国的实际情况,社区家庭教育培训的主要内容与形式包括以下几个方面。

(一)专家引领专题讲座

聘请幼教专家来社区作报告和专题讲座,为家长提供直接有效的服务。这是社区家庭教育培训中推动家园共育工作的常见形式,其目的在于帮助家长深入学习、领会、理解,把握当前科学育儿形势发展的方向,掌握前沿的教育信息与先进的科学育儿知识,提高家庭教育水平。这种形式吸收的人员较多,往往可以获得较好的效果。

(二)家庭教育典型案例研讨会

通过结合家庭教育的新理念和新思考,对家庭教育过程中的典型案例开展有针对性的探讨,构筑起托育机构、家庭、社区之间沟通与合作的桥梁,帮助家长了解当前家庭教育中存在的问题,思考今后在养育中应注意的问题及对策,指导家长优化家庭环境,掌握科学的育儿方法,使家长能自愿探求家庭科学育儿的知识,在不知不觉中改变着自己的教养态度和行为方式,提高家庭教育的质量,促进婴幼儿身心发展,达到相互学习、共同进步的目的,逐步形成家园—社区协同共育的现代教育理念。

(三)家长专题论坛

有效的家长专题论坛是在相互尊重、平等参与的基础上的一种双向交流与沟通。论坛的内容主要来源于家长的需求,针对当前家庭教育误区、育儿困惑、社会争议等来确定。例如,针对新生家长,可以开展"如何减轻托小班孩子的分离焦虑"的专题论坛;针对日常交流中的家长的困惑,可以开展"如何解答孩子日常生活中提出的无数个'为什么'"的专题论坛;针对日常养育中的问题,可以开展"如何养成日常行为习惯""如何做到科学喂养"的专题论坛。通过专题论坛,家长在交流过程中思考、分析和比较,提高科学育儿的水平。教师也可以与家长一起商量适宜的教育方式和教育对策,从而在教育行为和教育观念上达成共识。

三、社区家庭教育培训活动的组织策略

(一)培训准备

1. 全面了解家长的需求

只有针对家长需要解决的问题开展活动,才能最大化地吸引家长积极主动地参与。作为举办活动的教师,必须了解孩子处于什么发展时期、不同年龄段家长的需求是什么、他们的差异点和共同点是什么等。为此,教师可以通过家访、家长日常接送环节的沟通、问卷调查、个别交流、小型座谈会、信息化平

台等多种方式和形式，了解家长的需求和困惑，了解他们对于社区家庭教育培训的主题、内容、形式的具体要求。

2. 梳理家长的需求规律

家长对于科学教养孩子的实际经验相对缺乏，教师在组织社区家庭教育培训活动之前，应该结合已经掌握了的不同阶段孩子家长的需求，以及日常工作中积累的家园互动经验，进行总结、提取、归纳、梳理、提升，发现家长在孩子发展的不同阶段的关注点、差异点以及共同点，并据此梳理出如何在不同阶段解决最主要的问题、最适合的问题，然后推进社区家庭教育培训活动主题、目标的制定和实施。

3. 确定主题与目标，撰写实施方案

明确培训主题与目标，对于社区家庭教育培训的有效开展和具体的形式具有重要的指导作用。在梳理家长的需求规律的基础上，教师要根据婴幼儿的年龄特点，结合家长的实际情况，科学合理地制定社区家庭教育培训活动的主题与目标，结合现有的教育资源撰写活动实施方案。

4. 明确分工，模拟活动流程

为保证培训活动顺利举行，组织活动的教师团队要对相关任务的责任人进行明确的分工安排，制定工作进程表，确保活动的各个环节都有专人负责。例如，负责活动统筹；专家学者的邀请、接送工作安排；活动现场的布置与协调等。在社区家庭教育培训活动开始之前，要将工作具体化和细化，并根据培训活动实施方案进行多次实地模拟演练，保证活动流程的顺畅无误，及时预判现场突发状况并提供解决办法，保障活动的正常进行。

（二）培训实施

1. 开始环节

教师着装大方得体，提前到达现场，检查环境布置情况，调试设备以确保正常使用。举止文明礼貌，组织家长签到，可以制作一系列培训活动的连续性签到表，这样一方面可以帮助教师清晰地了解参加培训的家庭成员，从而观察分析出谁来参加活动对孩子的后期影响大，帮助教师获得更多的孩子成长中的信息，从而在推进家园共育工作的过程中加以分析和利用，以便找到最佳的策略；另一方面也可以让每一位家长都看到其他家长对社区家庭教育培训的参与情况，从而起到相互影响的作用。专人负责接送主讲专家或参会嘉宾。维持好开场前的秩序。

2. 中间环节

教师根据本次社区家庭教育培训活动方案中的具体培训流程，依次组织实施各项环节；培训过程中要适时维持好现场的秩序；及时鼓励家长参与培训中的互动环节，营造良好的培训氛围；随时应对会场中的突发情况，保证培训的顺利开展。

3. 结束环节

教师应代表组织者向主讲专家和家长们表示感谢；邀请家长来园所参观，欢迎家长与婴幼儿来园所参加亲子活动；发放培训活动反馈意见表，组织家长们填写并有序离场；整理会场。

（三）培训后期

1. 收集整理家长的感受和体会

家长参加完社区家庭教育培训活动之后，教师应鼓励家长对培训活动进行评价，并对家长的建议及时反馈，比如他们对活动的感受是怎样的、每个具体内容和形式的安排是否满足了他们的需要、活动后他们的教育观念和养育行为是否有改善等。教师应注意征询家长的意见、观察家长的行为，从而为改进下次活动找到方向，保证活动组织得更加贴近家长的需要，以促进家园交流与合作。

2. 及时反馈家长提出的问题

家长在参加培训活动的过程中会提出一些问题，可能在当时没有办法解决或一时无法回答。教师一定要收集家长的建议和困惑，通过团队研讨合理化改进。比如选取家长代表共同参与社区家庭教育培训总结研讨会，就活动中发现的问题进行探讨和学习，家长可以在研讨会中与大家分享一些学习经验并给教师一些建议，教师继续指导家长掌握科学有效的育儿方法，从而做到有效地反思社区家庭教育培训活动的成效，达到家园共育的目的。

3. 撰写培训活动工作总结

培训活动结束后，要及时进行分析和研讨，查找、反思活动存在的问题，分享成功的经验，撰写活动工作总结，帮助团队更加科学地制定下一次培训活动的主题、内容与形式，提高工作的组织成效。

🔗 案例分享

海宁市盐官镇社区教育中心开展亲子家庭教育培训

家庭是人类社会最重要的组成部分，在 5 月 15 日国际家庭日到来之际，盐官镇社区教育中心联合群益村妇联、天通公司妇代会在群益村社区学校开展亲子家庭教育专题培训班。

培训邀请了盐官美食爱好者为天通公司的 12 组家庭教授制作"妈妈的味道"冰淇淋。志愿者为大家讲解打发鸡蛋、奶油的方式，现场演示打发淡奶油、搅拌混合，最后加入果酱等改变口味，分装小瓶冷冻。期间，大家认真听讲解，小朋友们上台仔细观察每一个步骤，还时不时地问些问题，兴致高涨地和家长们一起动手制作。冰淇淋制作完成后，每位小朋友分装了一罐成品带回家。大家还品尝了提前做好的冰淇淋，对自制的冰淇淋纷纷点赞。

在冰淇淋制作结束后，家庭教育宣传培训正式开始。天通公司妇联主席为大家分享了《中华人民共和国家庭教育促进法》的有关知识，并通过抢答的形式让知识深入人心。此次培训让家长们更加明白，父母是孩子的第一任老师，是实施家庭教育的主体。家庭是第一课堂，作为孩子的监护人，家长一定要帮孩子树立正确的观念，亲自养育、陪伴孩子，潜移默化，言传身教，平等交流，尊重鼓励，用心、用情、用爱陪伴孩子成长。

群益村妇联主席也为大家分享了"家长如何培养孩子的良好习惯"的一些体会和建议。想让孩子脱颖而出、与众不同，根基是关键，建立良好的习惯便是根基所在。她建议家长陪伴孩子养成四个值得拥有的好习惯：守时与惜时，自律与自强，阅读与思考，强身与健体。希望家长们在育儿的道路上能多交流，多探讨，培养出优秀的下一代。

盐官镇社区教育中心将继续担任起"双减"下家庭教育和社会教育的责任，力争开辟更多的渠道，提供更多的活动机会，助力亲子教育，为培育良好的家风、传承优良美德奠定基础。

四、职业规范与注意事项

1. 社区家庭教育培训活动的主题和内容选定要体现家园共育的理念。

2. 在培训活动前，可发放调查问卷，了解家长在教育孩子方面存在的问题、困惑，想让专家帮助解决哪些问题等，做到有的放矢。

3. 培训内容要结合家长的需求与家庭教育发展的实际，深入浅出，具体明确，多举实例，切实解决家长面临的问题，切实帮助家长掌握某方面的知识。切忌生搬理论，罗列术语。

4. 制订社区家庭教育培训活动方案时要全面考虑，仔细核对，避免活动流程与内容出现错漏。尤其要注意选择恰当的时间，一般参加家庭教育专题培训的人数比较多，因此，在培训前教师应广泛征求家长的意见，选择合适的时间，便于大多数家长都有时间来参加。

5. 在培训现场要注重交流互动，使培训活动真正成为家园共育的合作活动，发挥培训的实效性，实现帮助家长掌握科学育儿的内容、原则和方法，提高家长科学育儿水平的目的。

6. 教师应注意着装、礼仪礼节，要注重与家长面对面的沟通与交流，鼓励家长及时对培训活动作出评价和反馈，对于家长的反馈要主动表示感谢，并给予积极回复。

━━━ **步骤二　任务实训** ━━━

一、任务分组

学生任务分配表

班级			组名			
组长		学号		指导教师		
组员						
姓名	学号	姓名	学号	姓名	学号	
任务分工：						

二、设计社区家庭教育培训活动方案

1. 收集社区家庭教育培训需求

收集方式：

调查内容：

收集结果：

2. 确定社区家庭教育培训活动的主题与目标

主题：

目标：

确定理由：

3. 绘制社区家庭教育培训活动流程图

4. 撰写社区家庭教育培训活动方案（扫二维码观看参考案例）

社区家庭教育
培训活动方案

5. 制作《社区家庭教育培训活动反馈意见表》（扫二维码观看参考案例）

《社区家庭教
育培训活动反
馈意见表》

三、模拟组织实施

　　请学习小组根据本组撰写的社区家庭教育培训活动方案，参照社区家庭教育培训活动组织实施流程图，分角色模拟组织实施橙汁宝贝托育机构组织的社区家庭教育培训活动。

社区家庭教育培训活动				
培训准备	培训实施			培训后期
收集需求	开始环节	中间环节	结束环节	收集整理感受体会
确定主题与目标	提前到达	组织实施	表达感谢	及时反馈问题意见
撰写活动方案	检查环境	维持秩序	邀请来访	撰写工作总结
明确分工	调试设备	鼓励互动	安排接送	
模拟实施	组织签到	营造氛围	指导反馈	
	迎接专家	应对突发	整理会场	

四、任务实施总结

<table>
<tr><td>

1. 通过完成上述任务，你学到了哪些知识或技能？

2. 遇到的问题及解决措施

3. 个人体会

签名：

日期：　　年　月　日

</td></tr>
</table>

五、拓展实践

以小组为单位，实地调研本地托育机构开展社区家庭教育培训的工作情况，调研内容建议如下：

1. 该园所开展社区家庭教育培训活动的主题与形式有哪些？
2. 观察记录园所教师组织社区家庭教育培训活动的流程安排。
3. 尝试为该园设计一份社区家庭教育培训活动方案。

====== 步骤三　思考提升 ======

1. 社区家庭教育培训的作用是什么？
2. 社区家庭教育培训的内容与形式有哪些？
3. 社区家庭教育培训活动的主题如何确定？
4. 社区家庭教育培训的实施过程中要注意什么？

====== 步骤四　任务评价 ======

评价内容	评价标准	分值	小组自评	他组评分	教师评分
社区家庭教育培训的含义与作用	能说出社区家庭教育培训的含义	5			
	能说出社区家庭教育培训的作用	5			

续表

评价内容	评价标准	分值	小组自评	他组评分	教师评分
社区家庭教育培训的内容与形式	能说出社区家庭教育培训的内容	5			
	能说出社区家庭教育培训的形式	5			
社区家庭教育培训活动的组织策略	能说出社区家庭教育培训活动的组织策略	10			
社区家庭教育培训活动方案的设计	社区家庭教育培训活动的主题和内容选定能体现家园共育的理念	5			
	培训时间安排科学合理，能使大多数家长参与到培训活动中来	5			
	社区家庭教育培训活动方案体例设计完整	10			
	能仔细核对，避免活动流程出现错漏	5			
	能制作出有针对性的《社区家庭教育培训活动反馈意见表》	10			
社区家庭教育培训活动的实施	组内角色分工明确，展示完整流畅	5			
	互动环节丰富，环境与氛围良好，体现家园共育的理念	10			
	能鼓励和指导家长填写《社区家庭教育培训活动反馈意见表》	5			
	能与家长积极沟通，收集整理家长的疑惑和意见，作出合理解释，达成教育共识	5			
	撰写社区家庭教育培训活动工作总结	10			
总分		100			

笔记栏

任务三　开展社区家庭入户指导

任务背景

根据文博社区科学育儿指导服务中心的工作计划，下个月将组织一次社区家庭入户指导活动，该活动由橙汁宝贝托育机构负责组织实施。你是托育机构的教学主管教师，接到园长的任务，请你组织相关工作人员一起研讨。

要求：请你根据任务情境，围绕社区家庭入户指导的主要内容与形式，与团队成员共同研讨，制订社区家庭入户指导活动方案并模拟实施。

任务目标

1. 了解社区家庭入户指导的含义与作用、内容与形式。

2. 能根据社区家庭入户指导的组织策略合理分工，团队合作，制订社区家庭入户指导活动方案。

3. 能根据制订的社区家庭入户指导活动方案模拟组织实施，展现良好的职业素养。

任务实施

步骤一　知识梳理

一、社区家庭入户指导的含义与作用

（一）社区家庭入户指导的含义

"入户指导"是西方国家社区公共服务体系中一种常见的干预形式。具体来说，它是以提高家长早期教养能力、促进婴幼儿健康发展为目标，针对社区中的婴幼儿家庭所开展的一项家长教育。上海市卫健委（原计生委）在 2011 年发布的《上海市社区 0 ～ 3 岁婴幼儿早期启蒙指导服务规范化流程（试行）》中首次提出了"入户指导"这一概念，并将其定义为："由具有育婴师职业资格的专业指导人员或家庭计划指导员根据家庭需求，上门将指导服务送给符合条件的婴幼儿家庭，特别是 1 岁以内的婴幼儿家庭。"

本教材中所提出的社区家庭入户指导，主要指由具有职业资格的专业指导人员或家庭计划指导员根据家庭需求，深入到社区婴幼儿家庭中，与家长交流婴幼儿养育、教育的基本情况，对婴幼儿进行发育商测评，了解并且能够为家长解答常见问题，交换促进婴幼儿身心健康发展的设想和建议，并向家长介绍 0 ～ 3 岁婴幼儿身心发展规律的基本知识，宣传正确的家庭教育观念、科学的家

笔记栏

庭教育策略和方法，指导家长开展科学育儿的一种有效的个别指导形式。

社区家庭入户指导是有效助力家庭教育实施，强化家庭监护责任，提升家长亲子陪护技能和家庭教育能力的重要方式，也是社区科学育儿指导服务中心的重要服务内容之一。虽然花费时间较多，但它具有灵活性、具体性、针对性，可以使教师直观地了解婴幼儿的家庭情况，与家长建立密切的联系，给家长具体有效的指导。这种在家庭环境中的交流，比其他形式更直接、深刻，充满浓厚的情感色彩。

（二）社区家庭入户指导的作用

家庭是0~3岁婴幼儿早期经验的主要来源，主要教养人的育儿能力决定着婴幼儿的发展质量。因此，越来越多的研究人员主张婴幼儿早期教育应以科学理论为依据，指导家长掌握科学的教育理念、方法，有效促进婴幼儿的身心健康成长。0~3岁婴幼儿多散居在家庭，入户指导是专业人员满足家庭个性需求提供的丰动式指导，这样的指导能够为婴幼儿家庭提供不少便利，发挥自身的独特优势和作用。

1. 帮助家长树立正确的育儿观念

家长并非都受过教育学的专业训练，在教育方式、教育行为等方面存在种种误区与偏差。家庭教育中，观念是起决定作用的，正确的观念可以使每个家庭有正确的教育方法。入户指导可以帮助婴幼儿家长获得科学的家庭教养方式与先进的教育理念，深入了解家庭科学育儿的重要性，树立正确的教养态度，增强养育子女的责任感，形成正确的育儿观念，促进家长的教育素质、育儿能力的提高和婴幼儿身心的和谐发展，促使婴幼儿家长将家庭教育的独特优势发挥到极致。

2. 满足家庭个性化的科学育儿需求。

0~3岁婴幼儿更多的是用自身特有的方式自然地同化与顺应，这就要求教师能够敏锐地发现孩子的差异，进行个别化指导。社区家庭入户指导要求教师关注婴幼儿的生长和发育状态，与其父母及其他家庭成员共同探讨该婴幼儿在个性化成长发展中存在的问题，能针对不同的家庭提供个性化的家庭教育指导方案，比如对单亲家庭、重组家庭、独生子女家庭、二孩家庭等不同家庭的教育问题做精准分析、实地分析，解决家长在育儿过程中遇到的问题，为每个家庭量身定制针对性、个性化的入户指导服务，实现"一对一"入户指导、培训与服务，或者进行一系列个性化的科学育儿指导，切实提高家长的科学育儿观念与水平，满足不同家庭的个性化科学育儿需求。

3. 整合三方教育资源，形成育人合力

每个婴幼儿都是富有个性的个体，这是多方面因素影响的结果，家庭、社区和托育机构是影响婴幼儿身心发展的三大方面，三者同步协调，配合一致，

形成紧密的教育合力，才能更有效地促进婴幼儿健康全面发展。社区家庭入户指导能充分利用和整合家庭、社区、托育机构的教育资源，能主动、灵活、有效、创造性地开展入户指导活动，提高家长的科学育儿能力。通过多元互动，帮助家长掌握和提升家庭教育的质量，形成教育合力，共同营造有利于婴幼儿健康成长的和谐氛围。

二、社区家庭入户指导的内容与形式

如果能提供多样性、针对性的指导内容，选择恰当、适宜的指导形式，将更加有利于社区家庭入户指导活动的有效实施。根据以往的实践经验与研究总结，一般将社区家庭入户指导的内容与形式分为以下三种模式。

（一）以婴幼儿为指导中心

这种指导的重点是为婴幼儿提供服务，指导者为目标婴幼儿设计游戏活动，并与其在家庭环境中游戏。这类游戏活动与托育机构的专业教师设计与实施的教学活动类似，家长的任务以模仿学习为主，即观察指导者的行为，并以此为榜样，学习指导者的游戏设计理念与方式，并在指导者离开后尝试与婴幼儿游戏。这种指导的缺点在于没有有效地调动家长在教养过程中的主动性，甚至有研究指出，这样的指导会使家长关注自身的教养行为与指导者相比表现出来的明显缺陷，从而大大降低家长育儿的自我效能感。

（二）以家长为指导中心

这种指导主要解决家长在教养问题上的需求和基本的家庭需求，如向家长讲解婴幼儿身心发展的一般规律和年龄特点，包括：婴幼儿科学喂养、日常护理要点、常见疾病预防以及良好生活习惯的养成；婴幼儿感觉、动作、情绪、语言方面的发展规律、潜能开发；婴幼儿教养人缺失问题；婴幼儿社会性发展的主要内容，如亲子关系、同伴关系、性别角色、亲社会行为；婴幼儿入园准备问题等，向家长提供关于日常生活中婴幼儿常见问题的实操性解决技巧。指导者需要花大量的时间倾听家长的需求，与其建立信赖关系，并为其提供情感支持。特别是对低收入家庭，这种指导比第一种指导能够更加精准地解决其家庭的需求。但这种指导忽略了对婴幼儿身心发展的直接支持，大部分家长缺乏将信息与资源转换为有利于婴幼儿成长的教养方式的能力。

（三）以教养—互动为中心

指导者利用家庭中已有的材料与家庭日常生活环节，协助家长一起为婴幼儿设计游戏活动，引导亲子互动，指导家长在游戏中给予婴幼儿发展方面的支持，并为婴幼儿创设高质量的家庭环境。与此同时，指导者还会利用谈话时间与游戏设计过程为家长提供信息服务。此外，在亲子游戏的过程中，指导者还会扮演咨询者的角色，为家长解决实际育儿问题。这一模式克服了前两种入户指导模式的弊端，充分调动了家长育儿的主动性与积极性，有助于家长在参与的过程中树立正确的育儿观，学习科学的教养行为，获得自我效能感。这一模式对于指导者的专业素养与专业技能要求较高，指导者要能运用专业知识回应家长的育儿问题，并以此为依据鼓励家长支持婴幼儿发展，要促使家长与婴幼儿形成发展共同体，还需要指导者能够对目标家庭的文化、价值观甚至生活习惯形成基本的认同与尊重。

三、社区家庭入户指导活动的组织策略

（一）入户指导前

一是通过社区联系愿意接受入户指导的家庭，并对入户指导的家庭进行简单的了解。二是自编家长调查问卷，比如《社区 0～3 岁婴幼儿家庭入户指导的需求调查》，主要了解家长对入户指导的需求、接受程度、服务内容、服务期望；对入户指导教师的指导行为、工作态度、专业素质的要求；对自身亲子互动状况的评估；对入户指导中自身及教师角色定位的理解。三是明确指导目标与人员分工，撰写社区家庭入户指导活动实施方案，确保活动内容科学、流程完整。四是指导者自身的准备，如入户时的服装、胸卡、仪表仪态等。五是准备入户指导所需要的必备材料，如玩教具、手册、活动材料、登记表、相机等。六是路程时间的准备，入户前反复熟悉家庭的需求，再次与家长确认服务的时间和地点。

（二）入户指导中

一是按时到访，热情、礼貌，不急于与婴幼儿亲密接触，先观察一下家庭环境，特别是婴幼儿的生活环境，包括婴幼儿游戏的地方、玩具及图书的内容与质量、环境的整洁程度等。二是注意与家长交流的方法和技巧，重在把握两个原则：耐心倾听家长的问题及困惑；使用家长能够接受、理解的语言持续沟通。三是边交流边观察，记录婴幼儿在家庭中的各种行为表现，了解婴幼儿喜欢的游戏、玩具等。四是指导家长科学育儿方法和技巧，这部分方法和技巧是专门传授给家长照料婴幼儿的日常生活以及发展婴幼儿的认知、语言、社会性等方面的能力时所用的，许多方法是基于脑科学或者心理学的，如与婴幼儿积极互动的方法、通过强化帮助婴幼儿养成良好习惯的方法、适宜地指导或加入婴幼儿游戏的方法等。五是提高家长对亲子互动价值的认识，鼓励家长积极地参与，指导家长填写社区家庭入户指导活动反馈意见表。六是做好随时处理突发状况的准备，有紧急情况的处理预案。

（三）入户指导后

入户指导后的策略主要集中在家庭回访、指导反思以及经验交流三个方面。家庭回访主要是通过电话、微信、QQ 以及实地回访等方式，与入户指导过的家

庭进行再次交流，可以让家长评价孩子最近的表现，询问家长最近在家庭教育方面最困惑或棘手的问题有哪些，并将回访过程中收集到的有效信息及时做好记录，巩固与家庭的友好关系，指导下一阶段的入户工作。指导反思主要是指导者总结在入户指导过程中的家长需求以及组织活动中的问题、启发，撰写指导活动工作总结，提出今后的入户指导工作建议。经验交流则是组织多种形式的经验交流活动，如入户指导活动方案评比、入户指导研讨会等，就指导活动中发现的问题进行研讨和学习，进而更有效地反思，提升下一阶段的入户指导工作的效率。

🔗 案例分享

高河塘社区党群服务中心：入户指导，让家庭养育更科学

4月20日上午，高河塘社区家庭养育健康指导员郑赛尔来到辖区新生儿家庭汪英英家中开展入户指导，帮助养育人掌握适于宝宝年龄和发育特点的家庭养育知识、方法及实操技能。

本次指导坚持知情、自愿的原则，社区工作人员对此行的目的进行提前告知，婴幼儿家庭同意后进行下一步的详细指导。指导员与婴幼儿家长面对面沟通，详细询问了孩子日常的生活细节，了解了孩子的发展状况，并从饮食、睡眠、日常起居、外出健康、玩耍、交流等方面进行了指导。对良好的养育习惯予以肯定，对错误的养育习惯进行纠正，并提供科学的方法指导家长做出改变，为家长提供正确的养育知识。

此次入户指导活动向新生儿家庭传递了科学的养育知识，从而促使家长树立起正确的育儿观，掌握更多育儿方法，充分发挥婴幼儿的潜能，促进婴幼儿的健康成长。

四、职业规范与注意事项

1. 社区家庭入户指导活动的指导内容应专业、科学、准确，内容选定能体现家园共育的理念。

2. 制订社区家庭入户指导活动方案时要全面考虑，仔细核对细节，避免活动流程与内容出现错漏。

3. 初次入户前应该与家长提前预约，沟通好要交流的主要内容，建议团队人员一同参与，以便应对各种突发状况。比如一位指导者与家长进行生活教育的沟通并记录，另一位指导者则重点接触孩子，与孩子互动、游戏、交流。

4. 言行举止都要体现指导者的文明素质。着装要大方得体，进入家庭后，敲门、进门、换鞋、坐姿、喝水等各方面都要注意，体现出指导者的从容、有礼和耐心。

5. 指导者要把自己视为婴幼儿和家长的伙伴，帮助家长关注婴幼儿的发展，促进有效的亲子互动，支持家长的教养—互动行为，与家长建立良好的伙伴关系，鼓励家庭其他成员参与教养，指导家长在家庭活动中发现婴幼儿的学习机会。

6. 指导者应尊重家庭的文化，理解家庭的需要，不对家庭环境作出任何否定的评价，态度亲切，懂得倾听，不喧宾夺主，与家长建立信任的合作关系，表达要真诚、有亲和力，不要不懂装懂，对交流的内容要做好记录。

7. 为保证达到预期指导效果，指导者应有意识地请家长提出看法和建议，收集与分析家庭反馈的合理意见或建议，指导结束时要注意扮演好致谢者和邀请者的角色，向家长表示衷心的感谢，热情邀请家长和婴幼儿来托育机构一起体验早期教育活动的快乐，使社区家庭入户指导活动真正成为家园共育的合作活动。

━━━ 步骤二　任务实训 ━━━

一、任务分组

学生任务分配表

班级			组名		
组长		学号		指导教师	
组员					
姓名	学号	姓名	学号	姓名	学号
任务分工：					

二、设计社区家庭入户指导活动方案

1. 收集信息：了解入户指导家庭的情况

收集方式：

调查内容：

收集结果：

2. 确定指导的目标

目标：

理由：

3. 绘制社区家庭入户指导活动流程图	
4. 撰写社区家庭入户指导活动方案（扫二维码观看参考案例）	社区家庭入户 指导活动方案
5. 制作《社区家庭入户指导活动记录表》（扫二维码观看参考案例）	《社区家庭入户指 导活动记录表》

三、模拟组织实施

请学习小组根据本组撰写的社区家庭入户指导活动方案，参照社区家庭入户指导活动组织实施流程图，分角色模拟组织实施橙汁宝贝托育机构教师组织的一次社区家庭入户指导活动。

```
                    社区家庭入户指导活动

      入户指导前          入户指导中          入户指导后

      收集信息          按时到访          家庭回访

      确定目标          热情礼貌          指导反思

      明确分工          注意沟通          经验交流

      撰写方案          观察记录

      着装得体          科学指导

      准备材料          指导反馈

      提前预约          应对突发
```

四、任务实施总结

1. 通过完成上述任务，你学到了哪些知识或技能？

2. 遇到的问题及解决措施

3. 个人体会

签名：

日期：　　年　月　日

五、拓展实践

以所在城市的一所托育机构作为实践活动场所，以小组为单位，参与该园所组织的社区家庭入户指导活动，实践内容建议如下：

1. 观察该园所教师在社区家庭入户指导活动前做的准备工作，并记录指导活动的流程安排。

2. 观察并尽可能详尽地用文字记录整个入户指导活动中亲子互动的言行、该园所教师在活动中遇到的问题以及教师是如何进行引导和应对的。

3. 尝试为该园设计一份社区家庭入户指导活动方案。

步骤三　思考提升

1. 社区家庭入户指导的作用是什么？
2. 社区家庭入户指导的内容与形式有哪些？
3. 社区家庭入户指导的前期准备工作有哪些？
4. 社区家庭入户指导的实施过程中要注意什么？

===== **步骤四　任务评价** =====

评价内容	评价标准	分值	小组自评	他组评分	教师评分
社区家庭入户指导的含义与作用	能说出社区家庭入户指导的含义	5			
	能说出社区家庭入户指导的作用	5			
社区家庭入户指导的内容与形式	能说出社区家庭入户指导的内容	5			
	能说出社区家庭入户指导的形式	5			
社区家庭入户指导活动的组织策略	能说出社区家庭入户指导活动的组织策略	10			
社区家庭入户指导活动方案的设计	社区家庭入户指导活动的内容选定专业、科学、准确，能体现家园共育的理念	5			
	社区家庭入户指导活动方案体例设计完整	10			
	能仔细核对，避免活动流程出现错漏，准备好各项材料，提前预约	5			
	能制作出信息齐备的《社区家庭入户指导活动记录表》	5			
社区家庭入户指导活动的实施	组内角色分工明确，展示完整流畅	5			
	言行举止文明，着装大方得体，体现出指导者的从容、有礼和耐心	5			
	能耐心倾听家长的疑惑，作出合理解释，沟通环境友好，氛围轻松愉快	10			
	能科学引导家长进行有效的亲子互动，鼓励家庭其他成员参与教养	5			
	能及时对婴幼儿的反应作出积极的回应与指导	5			
	能收集整理家长的意见，并及时反馈，达成教育共识	5			
	撰写社区家庭入户指导活动工作总结	10			
总分		100			

◯ 任务四　开展社区亲子活动

■ 任务背景

　　文博社区近日计划开展一次社区亲子活动，你是社区托育机构的教师，接到园长的任务，请你负责组织本次社区亲子活动。

　　要求：请你根据任务情境，收集社区亲子活动的内容与形式等相关内容，和团队成员共同制订社区亲子活动方案并模拟实施。

⚑ 任务目标

　　1. 了解社区亲子活动的含义与作用、内容与形式。
　　2. 能设计社区亲子活动方案。
　　3. 能组织开展社区亲子活动，展现良好的职业素养。

◯ 任务实施

================ 步骤一　知识梳理 ================

一、社区亲子活动的含义与作用

（一）社区亲子活动的含义

　　亲子活动是由专业托育人员有目的、有计划、有组织地指导家长开展的具有互动性的亲子游戏与学习活动，是一种具有示范性、指导性、实践性的活动。社区亲子活动指的是通过社区、托育机构、家庭的三方合作，以游戏活动的形式，加深社区、家园、亲子的合作关系，形成和谐的大家庭；通过寓教于乐的形式来增强家长的育儿能力，促进婴幼儿的快乐成长。

　　亲子活动的类型多种多样，以活动空间为标准，可以分为亲子室内活动、亲子室外活动等；以活动内容为标准，可以分为亲子体育活动、亲子智力活动、亲子科技活动、亲子艺术活动等。

（二）社区亲子活动的作用

　　《关于促进 3 岁以下婴幼儿照护服务发展的指导意见》中，基本原则的首条就是"家庭为主、托育补充"，在"加强社会支持"中也提及"营造婴幼儿照护友好的社会环境"。由此可见，发展婴幼儿照护应该是社会、家庭、托育机构的共同任务，三者应合作承担责任与义务。只有家园携起手来，教育才能一致，只有社会都来关注教育，才能为孩子的终身发展提供良好的环境。家长是孩子的第一任教师，社区是婴幼儿成长的重要环境。把社区、家庭作为教育的一部分，使其成为一个全方位开放的教育系统，才能使婴幼儿的教育更加多样化、社会化、科学化。

1. 促进婴幼儿能力发展

婴幼儿各方面能力的发展都离不开游戏活动。社区亲子活动能够充分利用家长和社区资源，开展丰富多彩的游戏活动，例如以社区为依托，让家长和孩子共同参与服务社区的环保活动、表演活动、志愿服务等。婴幼儿在这些活动中，能逐渐学会主动与人交谈，积极与同龄伙伴以及家长交流，使交往与合作能力得到良好发展。通过社区亲子活动，婴幼儿不仅能拓展学习空间，积累生活经验，也能了解一些社会规则、生活规则、游戏规则等，并逐渐将这种规则意识内化为自觉的行为。亲子活动中家长的参与，能充分满足婴幼儿对于亲人关爱的心理需要，在提高语言表达能力的同时，还能进一步增进亲子感情，促进婴幼儿情感表达能力的发展。

2. 指导家庭科学育儿

家庭教育对婴幼儿的发展具有重要影响，家长的教育能力主要体现在了解孩子、观察孩子、评价孩子等方面。由于不同家长对自己孩子的期望不同、教育方法不同，教育结果、教育评价也不同，因此指导家长正确评价婴幼儿的工作非常重要。要指导家长树立全面育人的观念，重视孩子的全面发展，帮助家长全面了解自己的孩子。由于不同婴幼儿的性格特征有所差异，在家和在园的表现不完全一致，容易造成家长对婴幼儿单一、片面的评价。因此，教师要和家长经常交流情况，在对孩子的认识上达成共识。

指导家长实施正确的教育方法，对孩子既要严格要求，又要耐心细致，不能急于求成，也不能过于迁就。让家长了解婴幼儿的发展既有共性，又有个性，要因人施教，不要将自己的孩子与别的孩子横向比较，要考虑自己孩子的实际情况，使孩子在家也能接受正确的教育，得到恰当的评价。

3. 推动社区教育发展

推动社区教育发展，就必须充分利用社区内的教育资源，立足社区、依靠社区、服务社区、建设社区，这是构建现代国民教育体系和终身教育体系、建设学习化社会的基本方式和途径。婴幼儿托育也是社区工作的一部分，必须从不断满足社区居民的社会需求出发，把服务社区居民作为出发点和落脚点，让社区居民感受到社区服务的实在性，使科学的托育和照护能够深入到每一个家庭。同时，婴幼儿托育对推动社区的文化建设、学习型社区的建设起到了很好的效果。

社区也有丰富的人力资源，托育机构的发展离不开社区。在开展具有当地特色的多彩民间游戏活动时，可以联合街道办、居委会的人力资源，把会玩民间游戏和有经验的退休人员请到托育机构，带着婴幼儿体验一些民间传统游戏，

笔记栏

加强民族特色文化教育。

二、社区亲子活动的内容与形式

婴幼儿的教育具有较强的社会性，与社区有着千丝万缕的联系。托育机构要彻底改变与社区封闭、隔离的状态，充分利用自然环境和社区的教育资源，拓展婴幼儿生活和学习的空间，为婴幼儿的发展创造良好的条件。为了推动社区亲子活动的开展，教师可以通过以下几种形式来挖掘社区的教育资源。

（一）参观活动

参观活动是教师利用社区资源的基本形式。婴幼儿父母工作的场所，如邮局、银行、商场、理发店、车站、加油站、飞机场、农场等各式各样的工作地点，都能带领婴幼儿前往参观。参观前，教师需要设计详细的活动方案；参观途中，教师应注意引导婴幼儿观察父母的工作环境、父母是如何与物体及其他人相互作用的；参观结束后，教师应认真总结和评价本次参观活动，帮助婴幼儿总结经验。例如，在组织婴幼儿参观图书馆和书店的过程中，教师要注重帮助婴幼儿比较这两个场所的相同点（都有许多图书，图书都分类摆放）和不同点（如前者借书、有借书卡，后者卖书、有收款机）。

（二）体验活动

有些社会场所只能让婴幼儿耳闻目睹，起到"见习"的作用，而有些社会场所则能让婴幼儿身体力行，起到"实习"的作用。为了切实提升婴幼儿自身的能力水平，教师应解放思想，大胆地让婴幼儿去尝试、去体验。例如，教师鼓励婴幼儿与家长在舞台上合作，共同表演节目，体会从事艺术工作的父母的艺术素养；指导婴幼儿与家长在体育馆的跑道上比赛跑步，在球场上模拟球赛，了解从事体育工作的父母的工作内容；启发婴幼儿与家长到农场的果园里采摘果实，在饲养场里喂养家禽、家畜，感受一下身为农民的父母的辛劳；引导婴幼儿在花店里与鲜花、干花、塑料花亲密接触，与家长共同处理鲜花、包装鲜花。

（三）分享活动

不同的社会场所具有不同的社会功能，教师可以选择运用开放性较大的社区内场所来组织社区亲子分享活动。比如，在亲子同购活动中，教师组织父母和婴幼儿一同到超市购物，指导婴幼儿用有限的钱款为自己和父母购买物品。在亲子同吃活动中，教师倡议父母和婴幼儿一起到社区内的超市或菜市场采购食材，让婴幼儿和父母合作烹饪、分享食物；在亲子同游活动中，教师动员父母和婴幼儿一同到公园去郊游，引导婴幼儿和父母轮流背行李、食物等，培养婴幼儿的劳动精神和合作意识。

（四）教学活动

邀请家长进行教学活动是利用社区资源的独特形式。许多婴幼儿的父母都是社区的工作人员，教师可以定期邀请有特殊知识技能、兴趣爱好的父母到园给婴幼儿当"客座教师"，向婴幼儿传经送宝，给婴幼儿传递各类工作经验、社会常识，同时也能让婴幼儿感受到父母的伟大。在邀请家长来园教学时，还能锻炼婴幼儿的社交能力和沟通能力，教师根据每个婴幼儿的特点，给婴幼儿布置不同的任务，要求他们热情欢迎父母来园当"嘉宾"，并扮演好"服务小姐"和"服务先生"，盛情款待父母"嘉宾"。

三、社区亲子活动的组织策略

（一）重视趣味性

教师在设计社区亲子活动时，一定要考虑婴幼儿的年龄特点、性别特点、个性特点以及社区内住户的家庭状况。依托社区的基本情况，确定社区亲子活动的主题、内容，使各式社区亲子活动走向科学化、生活化、游戏化、音乐化、亲情化，提高社区亲子活动的趣味性，以吸引家长和婴幼儿积极参与，促进婴幼儿在玩中学习、成长。

（二）重视指导性

在开展社区亲子活动时，教师不仅要对活动进行导入，介绍活动的内容、准备活动的材料、掌控活动的进程，还要以社区为单位，给予家长和婴幼儿一定的指导和帮助，让他们通过参与社区亲子活动，了解活动的基本流程和参与方式，明白社区亲子活动的目的和价值，向家长传递正确的教育理念和教育方法，才能取得最大的效益。

（三）重视互动性

在组织社区亲子活动时，一定要以社区资源为基础，为家长和婴幼儿提供足够的互动时间、宽广的互动空间、丰富的互动材料、愉快的互动氛围，让家长和婴幼儿都能拥有充分的参与感和对社区的归属感，从而通过广泛而深入的双向互动，来促进婴幼儿在身体、认知、语言、情感、社会性、审美能力上的全面发展。

（四）重视主动性

教师在设计社区亲子活动时，应考虑并尊重家长的意愿，以民主、平等的态度对待家长，了解他们对活动的需要，共同商讨亲子活动方案。在组织社区亲子活动时，应注意发挥家长的作用，帮助家长适时从配角转换为主角，从幕后走向台前，不仅参与活动，而且还要主持活动、评价活动，通过自身的发展来带动孩子的成长。

（五）重视独立性

在进行社区亲子活动的过程中，教师应该提醒家长注意培养孩子的独立性。

笔记栏

面对一些比较简单的游戏或者操作任务时，适当给予婴幼儿锻炼自身的空间，信任婴幼儿的能力，给婴幼儿提供更多的尝试、探索的机会，让婴幼儿体验到成功的乐趣，以促进婴幼儿人格的健全发展。

（六）利用社区资源

社区教育资源是指可供教育利用的一切物质、精神条件的总和。开发和利用社区教育资源，实施社区亲子活动，从而建立新型的教育体系，将社区内的教育资源转化为婴幼儿教育的有力资源，形成教育合力。社区内的学校、超市、餐厅、医院、银行、邮局、公园等配套设施，可以成为开展教育活动的良好教育资源。教师可以组织婴幼儿和家长共同参观社区内的托育机构、小学，让家长带领婴幼儿到超市、餐厅等地体验各类职业，让孩子了解不同职业。这样可以丰富婴幼儿的知识经验，使其将自己的认识融入游戏中，在游戏中促进快乐成长。

> **案例分享**
>
> 我们的海特小区
>
> **活动由来：**
>
> 我班大部分孩子都生活在海特小区，对小区有着特殊的感情。结合社区里"争创文明小区"的活动，我们开展了主题活动"我们的海特小区"。
>
> **活动目标：**
>
> 1.引导婴幼儿了解自己居住的小区，知道小区是我们的家。
>
> 2.了解小区的设施、建筑，知道小区和我们的生活密不可分。
>
> 3.培养婴幼儿的环保意识，激发婴幼儿热爱小区的情感。
>
> 4.丰富婴幼儿有关奥运的知识，感受全民参与奥运的社会氛围。
>
> **活动内容：**
>
> 1.使婴幼儿认识小区的一些机构和设施，懂得尊敬为社区服务的人。
>
> 2.引导婴幼儿用自己喜欢的方式将小区里的住宅楼、健身区、广场、学校、商店等基础设施进行记录。
>
> **活动准备：**
>
> 1.在出行前对婴幼儿进行安全教育。
>
> 2.提醒婴幼儿饮水、如厕。
>
> 3.与婴幼儿讨论外出参观的要求和注意事项。
>
> 4.婴幼儿携带纸、笔等记录工具。

活动过程：

1.参观前的讨论

观看《美丽的小区》宣传片，激发婴幼儿参观、了解海特小区的愿望。

2.参观小区

（1）引导婴幼儿细心观察小区的建筑等，提问："小区中有哪些设施和建筑？小区里有什么人？他们在做什么？小区里有标志吗？这些标志有什么用？"

（2）鼓励婴幼儿与同伴交流自己的发现，并用自己喜欢的方式进行记录。

3.参观后的活动

（1）引导婴幼儿将自己的记录在"发现角"中进行展示。

（2）鼓励婴幼儿再次与同伴分享自己的发现。

活动反思：

托育机构里的大部分孩子都居住在海特小区，孩子们每天都在小区里经过，但并不曾用心观察过。在参观过程中，鼓励婴幼儿细心观察，并用喜欢的方式将自己的发现进行记录，使婴幼儿更加了解自己的家园，并有意识地去关注周围的人和事，从而更加关爱自己的家。

笔记栏

四、职业规范与注意事项

1.社区亲子活动的主题和内容选定能体现家园共育的理念。

2.在设计社区亲子活动时，依据婴幼儿的年龄发展特点，合理安排活动时间与活动环节。

3.社区亲子活动的内容要以家长和婴幼儿共同完成为主。

4.制订社区亲子活动方案时应考虑到安全隐患，提前做好婴幼儿的安全教育。

5.活动后，教师应有意识地请家长提出合理的看法和建议，同时对家长在活动中产生的疑问给予回复。

步骤二　任务实训

一、任务分组

学生任务分配表

班级			组名		
组长		学号		指导教师	
组员					
姓名	学号	姓名	学号	姓名	学号
任务分工：					

二、设计社区亲子活动方案

1. 收集信息：了解家庭情况

收集方式：

调查内容：

收集结果：

2. 确定活动主题

主题：

理由：

3. 绘制社区亲子活动流程图

4. 撰写社区亲子活动方案（扫二维码观看参考案例）

社区亲子活动
方案

5. 制作《社区亲子活动反馈意见表》（扫二维码观看参考案例）

《社区亲子活动
反馈意见表》

三、模拟组织实施

请学习小组根据本组撰写的社区亲子活动方案，参照社区亲子活动组织实施流程图，分角色模拟组织实施阳光社区的社区亲子活动。

社区亲子活动

活动准备	活动组织	活动后期
收集信息	提前迎接	整理场地
设计内容	活动导入	记录问题
人员分工	活动实施	家长反馈
布置环境	教师指导	教师沟通
发放通知	总结评价	总结反思

四、任务实施总结

1. 通过完成上述任务，你学到了哪些知识或技能?

2. 遇到的问题及解决措施

续表

3. 个人体会
签名： 日期：　　年　月　日

五、拓展实践

以小组为单位，调查本地的社区亲子活动的开展情况，调查内容建议如下：

1. 本地的社区亲子活动的主题与形式主要有哪些？
2. 尝试设计一份社区亲子活动方案。

步骤三　思考提升

1. 社区亲子活动的作用是什么？
2. 社区亲子活动的活动形式有哪些？
3. 社区亲子活动的主题如何确定？
4. 社区亲子活动的实施过程中要注意什么？

步骤四　任务评价

评价内容	评价标准	分值	小组自评	他组评分	教师评分
社区亲子活动的含义与作用	能说出社区亲子活动的含义	5			
	能说出社区亲子活动的作用	5			
社区亲子活动的内容与形式	能说出社区亲子活动的内容	5			
	能说出社区亲子活动的形式	5			
社区亲子活动的组织策略	能说出社区亲子活动的组织策略	10			

续表

评价内容	评价标准	分值	小组自评	他组评分	教师评分
社区亲子活动方案的设计	社区亲子活动的主题和内容选定能体现家园共育的理念	5			
	社区亲子活动的时间和环节安排科学合理，符合婴幼儿年龄特点	5			
	社区亲子活动方案体例设计完整	10			
	能仔细核对，避免活动流程出现错漏	5			
	能制作出有针对性的《社区亲子活动反馈意见表》	10			
社区亲子活动的实施	组内角色分工明确，展示完整流畅	5			
	亲子关系愉快和谐、氛围轻松	10			
	能科学引导家长学会观察婴幼儿表现	5			
	能及时对婴幼儿的反应作出积极的回应与指导	5			
	能倾听家长的疑惑和意见，作出合理解释，达成教育共识	5			
	体现家园共育的理念	5			
总分		100			

【项目测试】

项目测试五

参考文献

[1] 曹桂莲.0—3岁儿童亲子活动设计与指导[M].上海：复旦大学出版社，2014.

[2] 陈彩霞.谈谈教师在幼儿受伤后的应对策略——一起幼儿受伤事件引发的思考[J].山西教育（幼教），2022（11）：68-69.

[3] 陈琳，蒋丽.构建家园共育新空间 幼儿园亲子社团的创建[M].成都：四川人民出版社，2017.

[4] 邓惠明.幼儿园家长工作指导[M].上海：复旦大学出版社，2015.

[5] 甘小丽.互动式的家长开放日[J].今日教育（幼教金刊），2020（3）：52.

[6] 顾晓鸣.家庭教育指导师培训教程[M].青岛：中国海洋大学出版社，2008.

[7] 关松林.幼儿园家园共育指导[M].北京：高等教育出版社，2014.

[8] 郭文英.架起家园共育的彩虹桥[M].北京：北京师范大学出版社，2009.

[9] 何桂香.幼儿园家长工作指导[M].北京：北京师范大学出版社，2012.

[10] 姜杰，孙晓芳，王月伟，等.幼儿园教师与家长的沟通艺术[M].北京：中国轻工业出版社，2015.

[11] 李洪曾.学前儿童家庭教育[M].北京：高等教育出版社，2002.

[12] 李生兰.学前儿童家庭与社区教育[M].北京：高等教育出版社，2015.

[13] 李生兰.幼儿园与家庭、社区合作共育的研究[M].上海：华东师范大学出版社，2003.

[14] 刘慧慧."共情""共商""更关注"——幼儿受伤后的家园沟通策略[J].山东教育，2021（21）：51-52.

[15] 卢艳.0-3岁婴幼儿家、园、社区协同共育困境及策略探析[J].教育导刊（下半月），2020（3）：60-65.

[16] 马歇尔·卢森堡.非暴力沟通[M].北京：华夏出版社，2020.

[17] 潘建明，蒋晓明，任江维.幼儿照护职业技能教材（中级）[M].长沙：湖南科学技术出版社，2020.

[18] 潘建明，谢玉琳，马仁海.幼儿照护职业技能教材（初级）[M].长沙：湖南科学技术出版社，2020.

[19] 人力资源和社会保障部教材办公室.育婴员（初级）[M].北京：中国劳动社会保障出版社，2017.

[20] 人力资源和社会保障部教材办公室.育婴员（高级）[M].北京：中国劳动社会保障出版社，2022.

[21]　人力资源和社会保障部教材办公室. 育婴员（中级）[M]. 北京：中国劳动社会保障出版社，2020.

[22]　施燕燕. 做好家园、社区共育工作，促进儿童生活课程的开展[J]. 新教育，2021（19）：77-78.

[23]　陶颖，张义霞，郑佳珍. 体验式家园共育之乐[M]. 北京：北京出版社，2013.

[24]　滕忠萍. 互联网+家园共育新探索[M]. 长春：吉林大学出版社，2017.

[25]　托马斯·戈登. 父母效能训练手册：让你和孩子更贴心[M]. 天津：天津社会科学院出版社，2009.

[26]　吴航. 家庭教育学基础[M]. 武汉：华中师范大学出版社，2010.

[27]　吴邵萍. 家园共同体的建构 幼儿园家长工作的方法和策略[M]. 北京：教育科学出版社，2011.

[28]　徐艳. 依托社区开展家园共育的实践探索[M]. 北京：北京师范大学出版社，2010.

[29]　阎乃胜. 幼儿园家长工作指导[M]. 上海：上海交通大学出版社，2016.

[30]　晏红. 幼儿教师与家长沟通之道[M]. 北京：中国轻工业出版社，2012.

[31]　杨英. 幼儿园家园共育活动案例精选[M]. 北京：中国农业出版社，2016.

[32]　张春炬. 幼儿教师的家长工作技巧[M]. 北京：中国轻工业出版社，2014.

[33]　张志勇，刘利民. 确立父母家庭教育的职业角色——家庭教育促进法立法的重大意义[J]. 人民教育，2021（22）：35-38.

[34]　赵纯. 以资源整合为导向的"家园社"共育研究[J]. 求知导刊，2021（52）：17-19.

[35]　周雪艳. 学前儿童家庭与社区教育[M]. 上海：复旦大学出版社，2015.